Pastoral urbana

O selo DIALÓGICA da Editora InterSaberes faz referência às publicações que privilegiam uma linguagem na qual o autor dialoga com o leitor por meio de recursos textuais e visuais, o que torna o conteúdo muito mais dinâmico. São livros que criam um ambiente de interação com o leitor – seu universo cultural, social e de elaboração de conhecimentos –, possibilitando um real processo de interlocução para que a comunicação se efetive.

Cícero Manoel Bezerra

Pastoral urbana

 Rua Clara Vendramin, 58 . Mossunguê
CEP 81200-170 . Curitiba . PR . Brasil
Fone: (41) 2106-4170
www.intersaberes.com
editora@editoraintersaberes.com.br

Conselho editorial
Dr. Ivo José Both (presidente)
Dr.ª Elena Godoy
Dr. Nelson Luís Dias
Dr. Neri dos Santos
Dr. Ulf Gregor Baranow

Editor-chefe
Lindsay Azambuja

Editor-assistente
Ariadne Nunes Wenger

Preparação de originais
BELAPROSA

Copidesque
Emilson Werner

Capa
Design Charles L. da Silva
Imagem de fundo Fotolia

Projeto gráfico
Charles L. da Silva

Diagramação
Kátia Priscila Irokawa

Iconografia
Célia Suzuki

Dados Internacionais de Catalogação na Publicação (CIP)
(Câmara Brasileira do Livro, SP, Brasil)

Bezerra, Cícero Manoel
   Pastoral urbana/Cícero Manoel Bezerra. Curitiba:
InterSaberes, 2017. (Série Conhecimentos em Teologia)

   Bibliografia.
   ISBN 978-85-5972-378-6

   1. Comunidade – Aspectos religiosos – Igreja Católica
2. Igrejas urbanas 3. Missões urbanas 4. Teologia
pastoral I. Título II. Série.

17-02532   CDD-259

Índices para catálogo sistemático:
1. Missões urbanas 259

1ª edição, 2017.
Foi feito o depósito legal.

Informamos que é de inteira responsabilidade do autor a emissão de conceitos.
Nenhuma parte desta publicação poderá ser reproduzida por qualquer meio ou forma sem a prévia autorização da Editora InterSaberes.
A violação dos direitos autorais é crime estabelecido na Lei n. 9.610/1998 e punido pelo art. 184 do Código Penal.

sumário

7   *apresentação*

11   *introdução*

capítulo um

13   **Cidades: sua história e desenvolvimento**

16   1.1 Urbanização

17   1.2 Relações humanas na cidade

18   1.3 A história das cidades

20   1.4 As cidades antigas

29   1.5 O desenvolvimento das cidades na história das civilizações

41   1.6 História da igreja cristã na cidade

capítulo dois

51   **A situação da Palestina nos dias de Jesus**

55   2.1 A Palestina na época de Jesus Cristo

57   2.2 Situação econômica

58   2.3 Situação política

76   2.4 Situação religiosa

capítulo três
97 **O ministério do apóstolo Paulo**
99 3.1 O ministério do apóstolo Paulo
109 3.2 O movimento evangelizador de Paulo nas cidades
120 3.3 Aprendendo com Paulo

capítulo quatro
129 **Ação pastoral com os pobres na cidade**
131 4.1 Conceituação da pobreza
132 4.2 A pobreza e a indigência
136 4.3 Os pobres precisam ser considerados
139 4.4 A ação pastoral e o desenvolvimento comunitário
141 4.5 Desenvolvimento comunitário integral
143 4.6 Princípios para o desenvolvimento comunitário integral
145 4.7 Passos metodológicos
148 4.8 Desafios que demandam soluções

capítulo cinco
155 **A espiritualidade na cidade e os fundamentos para um ministério pastoral**
158 5.1 Como reage o cidadão moderno na cidade?
158 5.2 Jesus e a cidade
159 5.3 O evangelho nas cidades
168 5.4 A igreja precisa fazer a diferença
173 5.5 A igreja da cidade precisa incentivar a vida com Deus

179 *considerações finais*
181 *referências*
189 *respostas*
191 *sobre o autor*

apresentação[1]

Prezados alunos!

A realidade atual nos mostra um mundo profundamente urbano: a maioria dos quase sete bilhões e meio de habitantes do planeta vive em cidades – chegamos a uma concentração de 54% da população mundial em ambiente urbano em 2014, número que pode chegar a 66% em 2050 (ONU, 2016a); nos mais de 200 países, em 5 continentes, a população da cidade prevalece sobre o campo amplamente. É nesse ambiente, com todo seu contexto de tribulações diárias e problemas sociais surgindo a todo momento, que faz cada vez mais sentido analisar a participação do homem cristão na sociedade, centrando nossa visão sobre a atuação pastoral cristã por sobre essa realidade, e motivar cada vez mais a constante interação e diálogo com as forças que compõem o ambiente urbano.

---
1 Todas as passagens bíblicas indicadas nesta apresentação são citações de Bíblia (2002).

Para uma análise da interação entre a igreja cristã atual e a realidade profundamente urbana, nos servimos de pesquisas, em interlocução com vários autores, cristãos ou não, com o fim de verificar como nossa atuação pastoral na cidade pode ser produtiva e contribuir na construção do Reino de Deus. O estudo dos temas relacionados à pastoral urbana tem como objetivo apresentar alternativas para a participação na vida da cidade, sempre baseados nos princípios da palavra de Deus. Da maneira como propomos o estudo da atividade pastoral, baseado em um diálogo com a obra de diversos autores e compreensão das situações que ocorrem cotidianamente em várias partes do mundo, visamos capacitar o leitor a interagir com a cidade e desenvolver uma prática pastoral contextualizada e urbana. São vários temas abordados no decorrer do nosso estudo. Realizamos uma interação com práticas pertinentes, efetivadas em sociedade e com atividades voltadas à cidade. Sugerimos também filmes, indicamos algumas visitas pertinentes e trabalhos a serem feitos com o fim de ajudar a desenvolver os aspectos práticos do estudo.

Para todos nós, comprometidos com o reino de Deus, a cidade é um grande desafio: devemos olhar em perspectiva o futuro e a evangelização nas cidades, identificar os valores urbanos, definir as alternativas a seguir. Desejamos que este estudo seja um diferencial em nossa vida, esperamos que a visão pastoral sobre o trabalho na cidade seja impactante e que o amor de Deus pelas cidades renove nossa vida.

Na Bíblia, em relação à cidade concebida como personagem, narra-se a seguinte passagem: "E, entrando em Jerusalém, a cidade inteira agitou-se e dizia: "Quem é este?" A isso as multidões respondiam: "Este é o profeta Jesus, o de Nazaré da Galileia". (Mateus, 21: 10-11).

Neste estudo, visamos preparar-nos para exercer o ministério cristão no âmbito da cidade e desenvolver atividades pertinentes para uma ação social transformadora nas áreas de influência da igreja local. O propósito mais profundo é apresentar a pastoral urbana desenvolvida nas cidades, com compreensão bíblica, tomando Jesus como referência e apresentando alternativas contextualizadas de evangelização.

Prof. Dr. Cicero Manoel Bezerra

introdução

O campo da ação pastoral hoje é urbano por excelência, pois cada vez mais as pessoas procuram as cidades, gerando, dentro das acumulações urbanas, novos problemas, como violência, falta de moradia, pobreza e indigência expostas nas calçadas. O mundo tem se tornado, desde o fim do século passado, cada vez mais urbano, mais desafiador e mais violento.

É nessa situação aparentemente caótica que a ação pastoral e missionária deve se desenvolver cada vez com mais força, com os mesmos objetivos que guiaram a missão de Cristo na terra e a jornada missionária do apóstolo Paulo pela Europa e Ásia.

Dessa maneira, para buscar compreender melhor o funcionamento das cidades e seus desafios contemporâneos é que vamos buscar nas lições atemporais contidas na Bíblia, nas vidas dos primeiros mestres da cristandade e na maneira como a igreja de Cristo se constrói em um mundo com desafios parecidos com os que enfrentamos em nosso dia a dia, o modo de proceder com as comunidades, com o objetivo de buscar soluções cristãs, pastorais e adaptadas à urbanidade.

A organização dos capítulos toma por princípio a didática, partimos do mais antigo ao mais atual, do histórico ao conceitual e em seguida ao propositivo. Essa foi a maneira de trabalhar que nos conduziu pelos capítulos.

No Capítulo 1, fazemos uma explanação sobre a história das cidades e do ser humano, tratando de como surgiu a ideia de viver em sociedade, quais foram as primeiras cidades e suas particularidades.

Após, no Capítulo 2, tratamos da situação social, econômica e principalmente urbana da região palestina na época do nascimento de Cristo. Tratamos do clima tenso de uma sociedade que vivia em duas organizações políticas distintas, a de Roma e a de Jerusalém, e como essa tensão foi enfrentada por Cristo e seus discípulos.

No Capítulo 3, avançamos um pouco mais, historicamente, tratando da vida do apóstolo Paulo, suas viagens apostólicas e sua visão doutrinária da igreja que então nascia. Abordamos também alguns detalhes das epistolas paulinas e sua teologia fundante.

Já no Capítulo 4, fazemos um salto histórico para o momento atual, tratando mais especificamente da situação das cidades brasileiras, do conceito de pobreza e da ação prioritária para os pobres, conforme a determinação do próprio Cristo.

Finalmente, no Capítulo 5, apresentamos algumas sugestões e princípios pelos quais se deve pautar, nos dias de hoje, a prática pastoral da igreja nas cidades. Este capítulo é fundamentalmente propositivo, visando ao estabelecimento de uma prática pastoral guiada pelos princípios cristãos nas igrejas e nas comunidades atuais.

Desejamos uma boa leitura, guiada pelos princípios de Cristo e Paulo.

capítulo um

Cidades: sua história e desenvolvimento[1]

---

1 Todas as passagens bíblicas indicadas neste capítulo são citações de Bíblia (2002).

A fim de conhecermos melhor a formação das cidades, é necessário primeiramente pensar sobre alguns temas relacionados a elas, para então analisarmos a definição de cidade e como ela se realiza historicamente. Para introduzir o conceito de urbanidade, é necessário pensarmos o que é uma cidade, como ela se constitui e evolui com o tempo; como se dá o processo de aglomeração de pessoas vivendo em torno a algumas condições básicas de subsistência e como é o cotidiano, a relação complexa entre os habitantes de uma cidade e a dinâmica dessa relação.

Iniciamos nosso estudo sem o debate em torno das divergências ou o aprofundamento em questões derivadas, que devem aparecer em um momento seguinte, para aprofundarmos nossa visão sobre o conjunto da cidade.

Podemos entender a cidade utilizando um conceito atual e básico, como o trazido em um dicionário, que traz para a palavra *cidade* definições como:

> *1. aglomeração humana localizada numa área geográfica circunscrita e que tem numerosas casas, próximas entre si, destinadas à moradia e/ou a atividades culturais, mercantis, industriais, financeiras e a outras não relacionadas com a exploração direta do solo; urbe [;]*
>
> *4. o núcleo original e/ou principal de uma cidade, onde se concentram as mais importantes atividades administrativas, comerciais, financeiras etc.; centro [;]*
>
> *7. na divisão territorial brasileira, sede de município, qualquer que seja o seu número de habitantes [.]* (Houaiss; Villar, 2009)

Com a primeira acepção, percebemos que, na concepção de cidade, devem aparecer, desde sempre, a aglomeração humana, a área circunscrita e atividades culturais, comerciais e industriais ali realizadas. Portanto, dentro de uma cidade, o que prevalece é o ser humano e a construção de seu espaço de viver e se relacionar. Na segunda definição, surge o aspecto histórico: a cidade rodeia seu núcleo original ou principal, com suas crescentes atividades. A terceira ressalta o aspecto político, de organização de poder e de decisões dentro da circunscrição do município.

Uma cidade é, desse modo, uma área urbanizada, que se diferencia de vilas e outras aglomerações por critérios que incluem população, densidade populacional ou estatuto legal, embora sua definição não seja precisa, sendo alvo de discussões diversas. O termo *cidade* é geralmente utilizado para designar uma dada entidade político-administrativa urbanizada. Em muitos casos, porém, é também usado para descrever uma área de urbanização contígua, uma região metropolitana, como grande São Paulo, grande Rio, grande Belo Horizonte, grande Curitiba e outras.

1.1 Urbanização

Dessa visão inicial, podemos ascender à formação e ao desenvolvimento das cidades, no processo chamado *urbanização*. A urbanização, também em noção geral, é um movimento, um registro de um progresso que por vezes é mais acelerado e, por outras, se refreia, no decorrer da história da humanidade. O mesmo dicionário Houaiss traz duas concepções distintas para a palavra: uma, como um processo organizado e previamente projetado, por meio do qual se estabelece a direção e as condições de crescimento de uma cidade: "2. conjunto de técnicas e de obras que permitem dotar uma cidade ou área de cidade de condições de infraestrutura, planejamento, organização administrativa e embelezamento conformes aos princípios do urbanismo" (Houaiss; Villar, 2009). A outra traz o conceito de que a população simplesmente constrói sua urbanização, sem o sentido de ordem ou processo planejado: "3. concentração de população em aglomerações de caráter urbano" (Houaiss; Villar, 2009); ou seja, simplesmente o crescimento gradativo do aglomerado urbano pela concentração crescente da população, sem a noção de organização ou projeto em execução.

Podemos ver, por essas definições, que a urbanização é um movimento em torno de um centro já estabelecido, um crescimento não necessariamente organizado do ambiente vital de uma população em busca da sobrevivência e do relacionamento entre as pessoas. O sociólogo Henri Lefebvre já previa, em 1970, a urbanização completa das sociedades atuais. Segundo o cientista, em sua hipótese: "Denominaremos 'sociedade urbana' a sociedade que resulta da urbanização completa, hoje virtual, amanhã real" (Lefebvre, 1999, p.15).

1.2 Relações humanas na cidade

Um aspecto destacado anteriormente foi a relação entre as pessoas na cidade. O mesmo sociólogo, Lefebvre, destacou as relações sociais como um ponto central em suas definições. A cidade para ele é: "é um objeto espacial que ocupa um lugar e uma situação" (Lefebvre, 1972, p. 65) ou "a projeção da sociedade sobre um local" (Lefebvre, 2001, p. 56). Assim, a sociedade se projeta sobre o local e o ocupa, como ambiente de vida, de trabalho, de convivência. É nesse aspecto da cidade que podemos vislumbrar a importância da visão religiosa para a convivência social na cidade. Na perspectiva religiosa, projetos como a construção da igreja em relação à sociedade e ao ambiente em que se implanta devem levar em conta a cidade, sua história e personalidade historicamente definida.

Além disso, precisamos conhecer e entender o crescimento das cidades e o seu desenvolvimento em conjunto com a entrada do Evangelho nesse contexto. Afirma Jaques Le Goff: "é a sociabilidade, o prazer de estar com o outro, que estabelece em definitivo a diferença urbana, a urbanidade" (Le Goff, 1998, p. 124). Essa noção de sociabilidade também é importante no estabelecimento da cultura de tolerância e de solidariedade entre os habitantes da cidade e constitui para ela um requisito de existência. Não existimos na cidade para ser violentos, para desrespeitar os outros, mas sim para seguir a convivência:

Na sociabilidade, o outro não é alguém cuja história de vida, a personalidade, os hábitos me são conhecidos. É simplesmente alguém diferente de mim com o qual, porém, de algum modo, em algum momento, eu me identifico ou, ao menos, posso compartilhar algo: um instante, um olhar, um comentário, um espaço, a cidade, a existência. Em última análise, a sociabilidade é oposta e antídoto ao isolamento, à solidão existencial.

Na sociabilidade, há o reconhecimento de uma alteridade e uma legitimação recíproca: de pertencimento a algum grupo social, sim, mas, em última instância, de uma suposta essência humana, de nossa humanidade. A sociabilidade, talvez mais do que a beleza ou a arte como acreditou Kant, aponta para uma universalidade possível. (Guimarães, 2008, p. 12)

Assim, com essas ideias iniciais, vamos desenvolver a seguir esses conceitos, relacionando-os à medida em que forem sendo tratados e debatendo-os para melhor conhecer a cidade e as relações a ela atinentes.

1.3 A história das cidades

Os primeiros assentamentos urbanos conhecidos datam entre 10.000 e 4.000 anos antes de Cristo, na época da chamada *Revolução Neolítica*, período posterior a uma glaciação, em que se começaram a domesticar plantas e animais e produzir alimentos em quantidade superior à necessária para a subsistência momentânea da população local. Dessa maneira, há a possibilidade de terem se desenvolvido, por exemplo, por causa da necessidade de armazenamento do excedente, algumas funções públicas exercidas por pessoas, como a de guarda dos alimentos (possivelmente assumida por sacerdotes), bem como ter surgido a necessidade de prédios públicos, como os silos para a guarda (muito provavelmente realizada nos templos), e logo em seguida o desenvolvimento da escrita (com função de registro dos depósitos; nesse momento ainda restrita à casta religiosa). Assim, causada pelas necessidades de populações em razão de atividades relativamente novas, surgiu o agrupamento humano permanente, ao qual damos o qualificativo moderno de *cidade*.² Sociedades que vivem em cidades são frequentemente chamadas de *civilizações*.

As primeiras verdadeiras cidades são por vezes consideradas grandes assentamentos permanentes cujos habitantes não eram mais simplesmente fazendeiros da área que cerca o assentamento, mas passaram a trabalhar em ocupações mais especializadas na cidade, onde o comércio, o estoque de alimentos e o poder foram centralizados. Como Ur dos caldeus, na Mesopotâmia, ou Çatal Hüyük, na Anatólia, elas são resultantes do crescimento de pequenos vilarejos ou da fusão de pequenos assentamentos entre si. Antes dessa época, assentamentos raramente alcançavam tamanho significativo, embora haja exceções, como Jericó.

Entre as cidades mais antigas já exploradas arqueologicamente estão Çatal Hüyük (de 12000 a.C. a 7000 a.C.), na atual Turquia; Jericó (8000 a.C.), atualmente na Palestina; Damasco (entre 9000 a.C. e 6300 a.C.), capital da Síria; Biblos, no atual Líbano (5000 a.C.), Aleppo, na Síria (entre 5000 a.C. e 4300 a.C.), Gaziantep, na Turquia (4000 a.C.), Plovdiv, na Bulgária (nome atual, antiga Filipópolis, entre 4000 a.C. e 3000 a.C.), Sidon, no Líbano (entre 4000 a.C. e 3000 a.C.), Argos, na Grécia (entre 3200 a.C. e 3000 a.C.), Beirute, também no Líbano (3000 a.C.). Todas essas cidades antigas compartilhavam um modo semelhante de ocupação: vales férteis que

---
2   O ramo da história e do urbanismo encarregado do estudo das cidades e do processo de urbanização é a história urbana.

envolviam rios, em torno dos quais se facilitava a implantação de populações e a moradia fixa.

Definimos assim que os novos habitantes das cidades se organizavam, partindo de uma estrutura básica de aldeia, porém com novas funções necessárias à vida em comunidade: o comércio e outros serviços prestados no ambiente urbano; o artesanato, com produção para uso próprio e dos concidadãos; e, finalmente, o princípio da organização política – e política viria a significar justamente isso, quando definida pelos gregos: a organização da vida na cidade (pólis). Portanto, começam assim as relações de poder na Antiguidade, já que as funções de chefia e determinação de castas (de poder e religiosas) começavam a vigorar. As cidades eventualmente evoluíam a Estados, com a finalidade de defesa da população e também para obras sociais, como construção de templos e dutos para abastecimento de água, pontes, estradas etc.

1.4 As cidades antigas

As cidades foram se organizando, em função das atividades dos moradores e das necessidades de adaptação do ambiente. De modo geral, veremos a seguir aspectos da vida das mais antigas e importantes cidades do mundo da Antiguidade. Assim que o ser humano decidiu abandonar as práticas de coleta, caça e pesca, começaram a surgir cidades, e tudo indica que os solos férteis além da proximidade de água em abundância tenham sido os principais motivos da fixação da população em alguns lugares privilegiados. Os povos que seguiam Deus único (cristãos, judeus e muçulmanos) em geral creditavam ao seu Deus a designação de locais para assentamento, assim como a invasão e a destruição de cidades malditas ou dedicadas a seu povo.

1.4.1 Çatal Hüyük

Um dos agrupamentos humanos conhecidos como a cidade mais antiga do mundo era Çatal Hüyük, na Anatólia, região da Turquia, datada do sétimo milênio antes de Cristo (7000 a.C.). Era um agrupamento *sui generis*, que não apresentava (conforme reconstituição feita por antropólogos) ruas ou caminhos entre as casas. Apenas casas construídas ao lado de outras, algumas sobre as outras, sendo que a circulação era realizada por cima dos tetos, constituídos de terraços de pedra. Assim, a sequência de telhados era usada como se fossem verdadeiras ruas e praças de uso público (inclusive como mercado) e entrava-se nas residências por aberturas superiores, fechadas como escotilhas, e escadas de madeira. Ali, dentro dos habitáculos, se achava o espaço privado de uso das famílias. Os tetos e as lajes eram o espaço público de todos. Curiosa era a relação dos habitantes com a religião (sobre a qual não há muito conhecimento) e o culto aos antepassados, porém tem-se ciência de que eram politeístas, com ao menos um deus semelhante a um touro e uma deusa-mãe possivelmente dedicada à fertilidade. Eles se relacionavam com os mortos, mantendo-os dentro das casas, postos embaixo de lajes em posição fetal – uma parte separada da casa provavelmente era usada apenas para reverência aos antepassados. As atividades mais comuns entre os habitantes da cidade eram a agricultura e o comércio de pedras preciosas, principalmente a obsidiana (lâminas de vidro vulcânico usadas para produção de facas, desde a idade da pedra lascada até hoje).

1.4.2 Jericó

Outra cidade bastante antiga foi Jericó, a qual em geral conhecemos apenas pela passagem bíblica sobre a derrubada dos muros e a destruição da cidade (Josué, 6: 1-27), no cerco de seis dias em que Josué parou o Sol e a Lua. A presença da cidade na Bíblia é ainda anterior e há citação em Números, 22: 1: "Depois os filhos de Israel partiram e acamparam nas estepes de Moabe, além do Jordão, a caminho de Jericó". Após, em Números, 26: 3, nova citação à mesma localização, e em Deuteronômio, quando são mencionados outros agrupamentos e povoações que existiram na época de Moisés:

> *Moisés subiu então das estepes de Moab para o monte Nebo, ao cume do Fasga, que está diante de Jericó. E Iahweh mostrou-lhe toda a terra: de Galaad até Dã, todo o Neftali, a terra de Efraim e Manassés, toda a terra de Judá até ao mar ocidental, o Negueb, o distrito da planície de Jericó, cidade das palmeiras, até Segor.* (Deuteronômio, 34: 1-3)

Jericó é tomada, nas religiões cristãs, como a mais antiga cidade bíblica. Os muros de 10 metros de altura tornavam Jericó praticamente inexpugnável para os guerreiros daquela época e já foram datados por cientistas em 8000 a.C. Calcula-se que havia pelo menos três mil pessoas vivendo em Jericó naquela época, o que comprova ser o aglomerado uma cidade e não uma aldeia de lavradores. Há registros dos primeiros habitantes dessa cidadela que datam entre 9000 e 9600 anos a.C., o que a torna uma das primeiras ocupações registradas da humanidade.

O texto de Juízes, 3: 13, chama a cidade de "Cidade das Palmeiras", na época da tomada do local pelo rei moabita Eglon: "Eglon uniu a si os filhos de Amon e Amalec, marchou contra Israel, venceu-o e tomou-lhe a cidade das palmeiras". Jericó foi, assim, local de importância histórica indiscutível, com citação em várias passagens do Antigo Testamento, além de ser um testemunho visível da história das mais antigas cidades no mundo.

1.4.3 Ur dos caldeus

Outro nome importante de cidade antiga que aparece também em citações variadas na Bíblia é Ur. Localizava-se onde atualmente é o Iraque, a chamada *Ur dos caldeus*, onde teria nascido Abraão. Por volta do final do terceiro milênio (em 2000 a.C.), era uma cidade muito grande, a maior conhecida até então, com quase 65.000 habitantes. A localização de Ur, na Caldeia, à beira do rio Eufrates no Golfo Pérsico, a colocava como um importante entreposto de comércio para os produtos vindos do continente africano, como utensílios do vale do Nilo e outros oriundos do comércio marítimo, vindos da Índia e Arábia. Uma cidade de tamanha importância certamente seria citada e comentada nos registros históricos e bíblico-religiosos que nos retratam a época. Desse modo, a Bíblia nos traz a Ur dos caldeus já no Gênesis, ao enunciar a descendência de Taré, pai de Abraão:

> **A descendência de Taré** — *Eis a descendência de Taré: Taré gerou Abrão, Nacor e Arã. Afã gerou Ló. Arã morreu na presença de seu pai Taré, em sua terra natal, Ur dos caldeus. Abrão e Nacor se casaram: a mulher de Abrão chamava-se Sarai; a mulher de Nacor chamava-se Melca, filha de Arã, que era o pai de Melca e de Jesca. Ora, Sarai era estéril, não tinha filhos. Taré tomou seu filho Abrão, seu neto Ló, filho de Arã, e sua nora Sarai, mulher de Abrão. Ele os fez sair de Ur dos caldeus para ir à terra de Canaã, mas, chegados a Harã, ali se estabeleceram. A duração da vida de Taré foi de duzentos e cinco anos, depois ele morreu em Harã.*
> (Gênesis, 11: 27-32)

No sítio arqueológico onde se localizava a cidade de Ur dos caldeus, na antiga Suméria e atual Iraque, encontra-se um monumento religioso dedicado à divindade suméria Nanna, identificada com a Lua, mas que é interessante para que notemos o caráter religioso-político dos edifícios públicos na Antiguidade: o grande zigurate³ de Ur. A pirâmide suméria servia de local para cerimônias religiosas, armazenamento de cereais e prédio de uso público. O monumento, em três pisos altos, media 62,5 m de comprimento, 43 m de largura e 21 m de altura, imponente para os padrões da época. Nas esquinas, havia nichos onde foram colocados os registros escritos da cidade em cilindros de argila, retratando desde a construção até as reformas periódicas realizadas no zigurate. Em um dos nichos, registros posteriores, da época do rei Nabonido (556 a.C.-536 a.C.), que reinou alguns anos após Nabucodonosor (morto em 562 a.C.), foi reformador do templo e pai do rei Belsazar, que tem sua história relatada no livro de Daniel, no Capítulo 5. Nessa passagem, Daniel prevê a queda do reino da Babilônia, por causa da profanação do templo de Jerusalém e o uso dos utensílios em uma grande festa para exaltar os deuses de ouro, prata e metal do rei da cidade. Ao pronunciar a profecia para Belsazar, Daniel interpretou uma mensagem escrita na parede do palácio, durante a festa, e previu a queda e a divisão do reino. A conclusão da história é a seguinte: "Naquela noite foi morto Belsazar, rei dos caldeus. E Dario, o medo, ocupou o reino, sendo da idade de sessenta e dois anos" (Daniel 5: 30-31). O império de Ur dos caldeus acabou entre os séculos XX e XIX a.C., segundo os registros históricos.

---

3   *Zigurate* é, segundo o *Dicionário Houaiss da língua portuguesa*, "monumento em forma de pirâmide, construído em patamares superpostos, característico da arquitetura religiosa mesopotâmica, com acesso por rampas e escadarias ao topo, onde se erigia um santuário, também usado para a salvaguarda das provisões de cereais e para observação dos astros" (Houaiss; Villar, 2009).

1.4.4 Jerusalém

A cidade de Jerusalém também é bastante antiga, tendo marcas de ocupação há pelo menos cinco mil anos (os sítios arqueológicos são datados de pelo menos 3500 a.C.) e é a cidade onde convivem hoje as três maiores religiões abraâmicas: o cristianismo, o judaísmo e o islamismo. Há marcas ainda mais antigas, como cerâmicas, achadas e datadas do quarto milênio antes de Cristo, porém, os assentamentos permanentes são de 3000 a.C. a 2800 a.C. Há muitas versões sobre a fundação, propriamente, da cidade, com os povos que a habitaram fazendo a história por seu lado, cada uma em sua perspectiva. Vejamos alguns dos fatos, contados por especialistas de todas as origens, sem sobrevalorizar nenhuma delas, mas levando-as todas em conta. A etimologia do nome israelita é *Yeru-Shalem*, traduzido por "o Deus íntegro ensinará as bases da cidade" (segundo Shmuel, [200-]).

A fundação, historicamente, é creditada aos jebuseus (ou jebusitas), grupo de cananeus que se estabeleceu ali e fundou a cidade. Esse povo, chamado *cananeu* porque dava a sua terra o nome de *Canaã*, fundou a cidade, primeiramente como *Jebus*, (e daí o gentílico jebuseu). O reino jebuseu da cidade foi o único que se manteve após a invasão judia, durante o pacto dos cinco reis, história que está no livro de Josué (Josué, 10: 12). Na época, a fortificação da cidade já contava com as 30 torres e os 7 portões, descritos várias vezes na Escritura. Todas as cidades do pacto foram conquistadas, quando Josué pediu ao Sol e à Lua que se detivessem em Gibeom e no vale de Ajalom e matou os reis de todas elas, inclusive de Jerusalém. A cidade, porém, manteve-se sob controle jebuseu até a época de David (o início do reino de David é estimado em 1013 a.C., e sua entrada em Jerusalém, narrada em II Samuel, 5: 6-12, foi sete anos mais tarde – datas em Início..., 2011). Os israelitas haviam conquistado a cidade quando Josué morreu e passaram-na a "fio da espada e a incendiaram" (Juízes, 1: 8) na guerra contra os cinco reis. A cidade, porém, ficou sob controle dos jebuseus por mais 250 anos, até que Davi a conquistasse, vindo de Hebron. Davi, então, transformou Jerusalém na capital do império, como descreve a Bíblia:

> **Conquista de Jerusalém** — *Davi marchou então com os seus homens sobre Jerusalém, contra os jebuseus que habitavam a terra, e estes disseram a Davi: "Não entrarás aqui! Os cegos e os aleijados te repelirão" (quer dizer: Davi não entrará aqui). Davi, porém, tomou a fortaleza de Sião; é a Cidade de Davi. Naquele dia, disse Davi: "Todo aquele que ferir os jebuseus e subir pelo canal..." Quanto aos cegos e aos aleijados, Davi os aborrece na sua alma. (É por isso que se diz: os cegos e os aleijados não entrarão no Templo.) Davi se instalou na fortaleza e lhe chamou Cidade de Davi. Depois Davi construiu um muro ao seu redor, desde Melo até o interior. Davi ia crescendo, e Iahweh, Deus dos Exércitos, estava com ele. Hiram, rei de Tiro, enviou uma embaixada a Davi, com madeira de cedro, com carpinteiros e pedreiros, que edificaram uma casa para Davi. Então viu Davi que Iahweh o confirmara como rei sobre Israel e exaltava a sua realeza por causa de Israel, seu povo.* (II Samuel, 5: 6-12)

Na época da conquista, calcula-se que a cidade teria apenas "2.000 habitantes com uma superfície que não chegava a 60 dunas" (Shmuel, [200-]). Davi chegou à cidade com o tabernáculo e Salomão, seu filho, construiu o famoso templo ainda no século X a.C. A grandiosidade do templo é revelada no livro de salmos (Salmos, 48: 2-3; 48: 12-14).

Com a morte de Salomão e a divisão de Israel em dois reinos, o de Israel, ao norte, com capital em Samaria, e o da Judeia, ao sul, com Jerusalém como capital (Hagi, [200-]), a cidade então perdeu em importância e passou a segundo plano. Por volta de 720 a.C., o reino de Israel, ao norte, foi dominado pelos assírios. Em 600 a.C.

os babilônios tomaram o reino da Judeia e destruíram o templo em 586 a.C. Após isso, em 538 a.C., o rei Ciro, persa, conquistou o Império Babilônico e permitiu que os escravos de Nabucodonosor retornassem à Palestina, fato relatado em Esdras, 1: 1-3:

> No primeiro ano de Ciro, rei da Pérsia, para cumprir a palavra de Iahweh pronunciada por Jeremias, Iahweh suscitou o espírito de Ciro, rei da Pérsia, que mandou proclamar de viva voz e por escrito, em todo o seu reino, o seguinte: "Assim fala Ciro, rei da Pérsia: Iahweh, o Deus do céu, entregou-me todos os reinos da terra e me encarregou de construir-lhe um Templo em Jerusalém, na terra de Judá. Todo aquele que dentre vós, pertence a seu povo, Deus esteja com ele e suba a Jerusalém, na terra de Judá, e construa o Templo de Iahweh, o Deus de Israel — o Deus que reside em Jerusalém.

Data dessa época a reconstrução do Templo de Salomão, concluído em 515 a.C. Em 333 a.C., Alexandre Magno venceu os persas e dominou a cidade. Com a morte de Alexandre e a divisão de seu império, Jerusalém então passou pelo domínio dos egípcios, entre 322 a.C. e 200 a.C. e depois dos selêucidas da Síria, entre 200 a.C. e 142 a.C., quando os judeus foram obrigados a abraçar o paganismo grego. Os romanos tomaram Jerusalém em 63 a.C. e fizeram de Herodes o rei da Judeia, em 40 a.C., reinado que só terminou em 4 d.C. Foi durante a ocupação romana que ocorreu a prisão e morte de Jesus Cristo em Jerusalém, por volta do ano 30 d.C. Após esse fato, iniciou-se a propagação da fé cristã.

Entre 67 d.C. e 70 d.C., sob o comando de Tito, general romano que viria a ser imperador (reinou de 79 d.C. a 81 d.C.), as tropas tomaram Jerusalém e a destruíram, queimando o templo definitivamente. No mesmo local, os romanos edificaram uma nova cidade, chamada *Aelia Capitolina* (em referência a Aelius Adrianus, o imperador romano). Ainda sob o domínio romano, em 395 d.C., após a conversão de Constantino (reinou de 306 d.C. a 337 d.C.) ao cristianismo, em 324 d.C. e a transferência da capital para Constantinopla (atual Istambul), a cidade tornou-se bizantina e cristã. Seguindo a história, no século VII d.C., toda a Palestina e a Síria saíram do jugo romano e caíram no jugo árabe-islâmico. Desde essa época, foram 1.300 anos de domínio étnico, linguístico e cultural árabe sobre a cidade. Na época de Justiniano (reinou de 527 d.C. a 567 d.C.), Jerusalém chegou ao ápice de sua grandeza. Em 614 d.C. ocorreu a invasão persa, povo que deu aos judeus certa autonomia religiosa. Em 629 d.C. o imperador bizantino Heráclio conquistou Jerusalém e exilou os judeus. Porém, seu reinado não durou muito sobre a cidade, pois logo ela foi invadida pelos árabes.

Em 638 d.C., o califa Omar ibn al-Khattab chegou a Jerusalém e decretou o respeito à liberdade de religião e expressão às outras religiões presentes na cidade, por meio da Convenção de Omar. A cidade, então, foi declarada santa (a terceira cidade santa para os muçulmanos, junto com Meca e Medina) para peregrinação. Eles construíram, nessa época, a Mesquita de Al-Aqsa e o Domo da Rocha, lugares santos até hoje. No ano de 969 d.C., os novos califas, xiitas, voltaram à perseguição aos cristãos, com destruição de igrejas e obras de culto.

Os cruzados retomaram Jerusalém em 1099 d.C. e foram derrotados por Saladino em 1187 d.C. Esse califa transformou igrejas em mesquitas e permitiu o reassentamento de judeus. Depois de perder o domínio da cidade, os cruzados retornaram, recapturando-a em 1192 d.C., perdendo o controle novamente em 1244 d.C., para os chamados *mamelucos*, vindos do Egito. Em 1517, os otomanos retiraram os mamelucos de lá e se assentaram. Desde essa época, Jerusalém ficou sob controle muçulmano até 1917, quando foi ocupada pelos britânicos. Durante essa época, no início do século XIX, a cidade se reduzira a um pequeno distrito e estava submetida a Damasco. Toda a população se reduzia a 9.000 pessoas, sendo 4.000 muçulmanos, 3.000 cristãos e 2.000 judeus. Havia, na cidade velha, cinco bairros: muçulmano, cristão, armênio, mugrabi e judeu (Shmuel, [200-]). Então, com o governo do general egípcio Ibrahim Falla (1833), transformou-se a cidade, com uma remodelação e modernização aceleradas. Serviços de correios, diligências, iluminação pública, trens e relógios que funcionavam à noite foram algumas inovações trazidas à cidade. As muralhas antigas já não continham mais toda a cidade, com bairros novos e assentamentos externos às muralhas. Os britânicos tomaram a cidade até o ano de 1949 – entre várias tentativas de guerras entre os povos da cidade – quando Jerusalém foi dividida, após o cessar-fogo. Esse estado durou até 1967, quando Israel tomou o antigo bairro judeu e invadiu a cidade, instituindo o governo judaico, com Jerusalém como sua capital, embora a capital administrativa seja Tel-Aviv. Atualmente, a cidade das três religiões tem uma população estimada de 840.000 habitantes (ONU, 2016).

1.5 O desenvolvimento das cidades na história das civilizações

Os seres humanos andavam em grupos desde a Idade da Pedra, mais precisamente a idade da pedra lascada, antes ainda de 10 mil a.C. Os primeiros grupos eram nômades, andavam em busca de campos férteis para a coleta, a pesca e a caça e dormiam onde podiam encontrar condições para passar as noites ao abrigo do tempo e dos predadores. Assim, era muito comum que os grupos carregassem consigo apenas o necessário para as atividades diárias: os instrumentos de caça e pesca, para fazer fogo e a roupa com que se protegiam. A propriedade dos bens era então mais coletiva do que individual, já que os instrumentos, que podiam gerar produção de bens para a coletividade, eram de todos e usados por todos.

Essa situação começou a mudar na chamada *Revolução Neolítica*, entre 10 mil e 4 mil a.C., e essa é a primeira mudança significativa para a humanidade: o domínio sobre aspectos do meio ambiente, com o princípio da agricultura e a domesticação de animais. Inicia-se o processo de sedentarização, com a necessidade de estabelecerem-se primeiramente aldeias e, em época posterior, verdadeiras civilizações. Com esse processo de fixação do ser humano à terra, começa a história humana, como a conhecemos, e a das civilizações humanas.

Claramente, esse tipo de agrupamento inicial ainda é semiurbano, ruralizado pela dependência da agricultura nascente, porém já apresentando as funções sociais e as características que descrevemos como definidoras do novo tipo de organização humana, assim como também da nova característica do ser humano neolítico: o abandono gradual do nomadismo em direção ao sedentarismo. Note-se que o sedentarismo não é tomado com o significado atual, negativo, de ausência de exercícios físicos ou vida sem atividade – na época, o sedentarismo é o progresso da vida errante e nômade para um estado em que as pessoas começam a definir propriedades, construir moradias com os materiais disponíveis na região e se fixar, constituindo-se também o núcleo familiar como base da organização social. Porém, o mais marcante é que nesses ambientes começam a implantar-se o que chamamos modernamente de *primeiras civilizações*, com o significado de sociedade fixa em um local, com "elementos materiais, intelectuais e espirituais característicos de uma sociedade, e por ela transmitidos" (Houaiss; Villar, 2009), ou seja, grandeza cultural e social já com características de permanência e perenidade. A palavra *civilização* tem, aliás, a mesma raiz latina, *civitas* (cidade), que origina a palavra *cidade* em português. É assim que surgem, portanto, as primeiras civilizações, como centros de comércio ou fortificações de guerra amuradas em torno de um núcleo urbano original, geralmente em torno a rios, nos vales fertilizados por eles.

Existiram vários núcleos de civilizações surgidos na história, durante os seis milênios entre 10000 a.C. e 4000 a.C., nos agrupamentos localizados pela arqueologia: na Mesopotâmia, as cidades antigas de Ur e Babilônia, além de Nippur (entre os rios Tigre e Eufrates, no Levante); no Egito, as cidades de Mênfis e Tebas (em torno ao vale fértil do rio Nilo); na Índia, a cidade de Mohenjo Daro (à beira do rio Indo); na China, assentamentos em Pequim e Hang-Chou (nos rios Yang Tsé Kiang e Huang Ho); mesmo na América, onde surge, nos arredores de San Juan, em Porto Rico, um agrupamento; e na América do Sul, na cidade antiga de Caral, no Vale Supe, atualmente área do Peru, datada de 2600 a.C. As civilizações mais antigas de que se tem notícia são a suméria, a assíria, babilônica e egípcia.

Nos tópicos a seguir, trataremos resumidamente sobre algumas civilizações antigas, priorizando a ascensão e o declínio do domínio dos povos em sua região. No entanto, fizemos também um levantamento sobre as características dessas civilizações que sobreviveram até o chamado *Período Pós-moderno*, mais atual, tratando a evolução histórica, desde a Idade Média até hoje, como uma sucessão histórica de fatores, sempre ligando-os à religiosidade e à situação urbana nessas épocas. Como nosso objetivo não é traçar uma história completa das civilizações, mas sim mostrar como a sucessão de modelos de exercício do poder influenciou e foi influenciada pela sucessão histórica, reduzimos esse painel histórico aos fatos principais e como eles se ligam às cidades e à religião, a cada momento.

1.5.1 Civilização mesopotâmica

A civilização suméria foi localizada próximo aos rios Tigre e Eufrates, na região tratada posteriormente como Mesopotâmia, onde hoje é o Iraque. A maior cidade da região era Uruk, em meio a outras com o mesmo grau de desenvolvimento. Ali as cidades já eram muradas e apresentavam casas, prédios públicos e ruas. Os sumérios desenvolveram um sistema complexo de controle das águas dos rios para a sobrevivência do povo que morava entre eles, construindo diques, barragens e canais de irrigação.

A religião predominante era politeísta, com deuses ligados à natureza e aos sentimentos humanos. Desenvolveram a escrita, chamada *cuneiforme* por ser feita com pequenas cunhas pressionadas contra tabuinhas de argila, que então eram secas e guardadas. Algumas sobreviveram até nossos dias e ajudaram na decifração da escrita. Os sumérios construíram várias cidades, como Ur, Kish, Uruk, Lagash, Nippur e Eridu.

Por volta do ano 1950 a.C., o território dos sumérios foi invadido pelos amoritas e elamitas, de origem persa, e foram derrotados.

1.5.2 Civilização grega

Na Europa, a civilização que mais se desenvolveu nesse período de nascimento e consolidação das cidades foi a grega, que tomou lugar entre os séculos VIII a.C. e VI a.C. Destacam-se as cidades-Estado, que foram organizações políticas independentes umas das outras, que determinavam seu modo de governo (oligarquia, aristocracia, democracia). As principais cidades eram Atenas, Esparta, Creta, Mégara e Corinto, que eram independentes e realizavam disputas por supremacia ou tomada de territórios. Algumas cidades chegaram a atingir dimensões impressionantes para a época. Atenas, por exemplo, chegou a atingir mais de 250 mil habitantes na época de sua supremacia, durante o chamado *Século de Ouro*, quando governou Péricles, no século VI a.C.

1.5.3 Civilização helênica

As cidades continuaram em pleno crescimento e desenvolvimento também durante o Império Romano, quando capitais como Roma, na Itália, chegaram a ter, no século I d.C., mais de 1 milhão de habitantes. Com a expansão do império, muitas novas cidades foram sendo criadas no norte da África, no Oriente Próximo, na Grécia, Gália e inclusive na Bretanha, regiões da atual França.

Vejamos como eram as cidades na expansão helênica, na visão apresentada por Helmut Köster (2016, p. 78-83):

A cidade helênica segue a linha da cidade da Grécia clássica e desenvolve a tradição de planejamento urbano e construções desta. No espaço cercado por forte muralha há, ao lado das casas dos cidadãos, uma ágora, junto à qual se localizam os templos e os prédios do governo (*bouleuterion, prytaneion*[4], arquivo), o teatro e o odeon, o ginásio e as termas. Já no século V a. C. foi desenvolvido na Jônia o modelo urbano que recebeu o nome do arquiteto Hippodamos, cuja

---

4 O *boulenterion* era também traduzido como casa de conselho, casa montagem e casa senado, era um edifício em Grécia antiga que abrigava o Conselho de Cidadãos (βουλή, Bulé) de uma democrática cidade-Estado; prytaneion era "na Grécia antiga, edifício público, residência dos prítanes e no qual estes e diversas figuras ilustres se reuniam para as refeições", os prítanes eram "cada um dos 50 delegados de cada uma das dez tribos, escolhidos anualmente para formar o Conselho dos Quinhentos (equivalente ao senado na Grécia antiga)" (Houaiss; Villar, 2009).

base é uma rede quadrangular de ruas que divide toda a cidade em quadras de igual tamanho. Hippodamos havia construído as cidades de Pireus (porto de Atenas) e Thyrioi (no sul da Itália) segundo esse modelo. Esse plano de cidade tornou-se padrão para as novas fundações urbanas durante a colonização helênica. Exemplos típicos disso são Alexandria, Europos, Damasco e Aleppo. Também na Ásia Menor grega este plano de cidade prevaleceu, por exemplo em Mileto, a pátria de Hippodamos, e em Priene, cuja rede viária serve como exemplo clássico, justamente porque o plano hippodâmico foi imposto rigidamente à colina sobre a qual a cidade se situa.

Nas cidades helênicas aparecem, em comparação com as cidades da Grécia clássica, mudanças que, em parte, se devem ao plano hippodâmico de cidade, mas refletem também as novas condições sociais e econômicas.

As antigas cidades via de regra tinham uma acrópole, outrora a fortaleza real, que mais tarde foi ocupada com a construção de templos. A acrópole falta frequentemente nas cidades helênicas. Um castelo especialmente guarnecido no interior da cidade, no qual se poderia buscar refúgio após a queda dos muros da cidade, mas no qual também se poderia entrincheirar um tirano e prevalecer contra os cidadãos, era contrário à ideia que o cidadão tinha de sua cidade. Assim sumiu a acrópole ou ela apenas foi superficialmente guarnecida [...], ao passo que a defesa foi confiada totalmente aos muros. Estes cercavam a área da cidade num círculo irregular e envolviam também áreas não povoadas quando isso era favorável à defesa [...]. Os muros da cidade, muitas vezes de dimensões descomunais, eram providos com portões e bastiões de pedra bruta (somente para a parte central se usava pedra trabalhada e terra) – pois deveriam resistir às máquinas de sitiar, altamente desenvolvidas naquele tempo – e exigiam dos cidadãos, na construção das cidades, grande esforço e disposição.

A ágora foi, no tempo clássico, um lugar com disposição irregular, que funcionava como centro da vida pública e econômica. Templos, pavilhões do mercado e de compra, prédios do governo e da administração estavam dispostos em volta deste local; deixavam, porém, espaço suficiente para que a ágora se abrisse para a cidade em todas as direções. Na cidade helênica a ágora assumiu uma forma quadrangular, emoldurada por *stoas* [arcos] em todos os seus lados e, assim, fechada para a cidade, para a qual somente se abriam poucos acessos, aos quais se acrescentaram na época romana esplêndidos portões. Além disso a ágora oficial foi separada do mercado por prédios administrativos e templos, de modo que as cidades maiores tinham mais de uma ágora.

A ágora destinada ao comércio e às compras assumiu o caráter de um pavilhão de mercado. O número de e o tamanho das stoas nos locais públicos aumentou, às vezes providas internamente com uma carreira dupla de colunas. Elas eram o centro da vida da cidade helênica e estavam à disposição de todos os moradores para comércio e descanso, conversa e relaxamento. Nelas ocorriam as discussões privadas e públicas, havia galerias de arte e exposições, os filósofos e missionários proferiam seus discursos.

Também os templos e prédios públicos tinham de ser adequados à rede quadrangular de ruas. Se eles não estavam localizados junto à ágora, como os templos mais importantes, o Buleuterion (pavilhão onde ocorria a assembleia dos cidadãos) e o Prytaneion (casa da cidade com o fogo sagrado), então eles tinham uma, duas ou três quadras à disposição. Santuários maiores também podiam estar localizados fora dos muros da cidade, num lugar determinado pela tradição, como era o caso do grande templo de Ártemis em Éfeso (Atos, 19: 23-41).

Havendo a possibilidade, também os teatros eram acomodados ao rígido esquema de ruas. Se havia um morro ou uma colina no âmbito dos muros, as fileiras de assentos eram construídas na encosta. [...]

Entre as construções que até hoje chamam mais a atenção na cidade helênica estão os ginásios. Antes eles eram locais de esporte com prédios em disposição irregular; agora se tornaram unidades arquitetônicas acabadas: um grande pátio em estilo circular que rodeava o local dos esportes; em todos ou mais lados abrem-se no átrio de colunas salas grandes e pequenas destinadas aos mais diversos fins: quartos de banho e vestiários, salas de clube e encontro, salões para preleções, salas para culto e, mais tarde, também bibliotecas. Muitas vezes os ginásios tinham dimensões enormes. O grande ginásio do porto em Éfeso, construído na época imperial romana, envolvia um local de esporte e treino de 200×240 metros! Cada cidade tinha também seu ginásio, o qual frequentemente se localizava fora dos muros. [...]

Quanto às casas das cidades helênicas havia uma série de tipos, que não podemos tratar aqui com detalhes. Também as casas deveriam se adequar ao modelo hippodâmico de cidade. Encontra-se duas, quatro ou até mais casas numa quadra. Originalmente, porém, na mesma cidade o número de casas por quadra era igual: cada cidadão dispunha do mesmo espaço para construir sua casa. Com o tempo este princípio foi abandonado. As casas dos cidadãos ricos podiam ocupar uma quadra inteira e, às vezes, se estendiam por sobre uma rua secundária até a quadra vizinha. Onde não havia o plano urbano quadrangular havia uma grande mistura de casas ricas e pobres, grandes e pequenas em ruas cheias de ângulos (Delos é o exemplo mais conhecido). Entre os tipos de casa prevaleceu o de traçado circular:

havia um pátio interno aberto cercado por colunas, no qual às vezes se encontravam cisternas artisticamente construídas; ao redor dele estavam ordenados os diferentes espaços; ao passo que só raramente havia janelas para a rua, todos os cômodos tinham abertura para o pátio interno, do qual obtinham luz e ar. Casas de dois andares não eram raras. O pátio interno podia ser coberto por um mosaico, assim como muitos cômodos destas casas eram adornados por mosaicos e afrescos.

Esse modelo de cidade prevaleceu em grande parte também durante o período imperial romano. As alterações e inovações trazidas pelos romanos desenvolviam os elementos já existentes no modelo de cidade. No mínimo duas ruas, de preferência se cruzando, foram transformadas em ruas principais e providas com prédios esplêndidos; a ágora foi aproximada do fórum e recebeu portões monumentais; aquedutos ajudaram a suprir a crescente demanda de água das cidades; os ginásios se transformaram em termas e os poços artisticamente construídos substituíram os poços antigos de finalidade mais prática. O início deste período de renovação e novas construções caiu na época em que o cristianismo começou a se expandir nas grandes cidades da parte oriental do império e trouxe novas oportunidades de trabalho e prosperidade para as cidades helênicas.

Assim, podemos ver que as cidades do período helênico, ou do Império Romano, tinham como base construtiva o modelo grego, porém o modificaram conforme suas novas necessidades.

1.5.4 O homem medieval

O Império Romano é mesmo o ápice da história das cidades na Antiguidade. Com a decadência do Império, por volta do século IV d.C., e a Queda de Roma, em 476 d.C., advém uma nova situação social e econômica em que as cidades perdem sua importância para os feudos, organizações agrícolas e rurais em torno de castelos e propriedades vastas, sem a organização política característica das cidades do período anterior. É assim que as cidades antigas perdem, durante mil anos, sua importância de centro da vida, período da Idade Média. Na época, predominava a vida rural e a servidão como modo de produção.

Com o fim da Idade Média, cujo marco histórico é a queda de Constantinopla (atual Istambul, na Turquia), em 1453 d.C., com o fim do Império Romano do Oriente, as cidades voltaram a ganhar força como instância político-cultural de concentração das populações. Centros comerciais e culturais, como Gênova, Veneza, Roma e Milão, na Itália, e Paris e Lyon, na França, voltavam a ter importância, após o grande surto de mortadade, pela fome e peste negra, e uma grande migração, fruto das Cruzadas. Mesmo assim, era para as cidades que a população se dirigia, e elas voltaram a ter importância e ser o centro político e religioso da civilização europeia.

1.5.5 O homem moderno

Depois dessa época, passamos à cidade moderna e atualmente já se considera que estamos na cidade pós-moderna, globalizada, com hiperinformação e comunicação imediata, superpopulação em certas concentrações urbanas e um campo cada vez menos populoso, embora bastante importante para a produção de alimentos.

1.5.6 A pós-modernidade e contemporaneidade

Hoje, a situação mundial nos diz bastante sobre a atração que as grandes cidades exercem, mesmo com todos os problemas derivados dela, como falta de espaço, pressa em excesso e perda de proximidade entre as pessoas. Já há pelo menos onze zonas metropolitanas no mundo com mais de 20 milhões de habitantes (e São Paulo está entre elas – ONU, 2016), enquanto vemos, apenas no Brasil, mais de 17 cidades que atingiram a casa de 1 milhão de habitantes, conforme estatísticas do IBGE (CFA, 2016), que concentram mais de 45 milhões dos 206,1 milhões de habitantes do país inteiro. Nesse sentido, devemos considerar sempre a concentração populacional, os serviços públicos e também a situação urbana do local em que a igreja se insere, para podermos ter consciência sobre como fazê-lo.

Para realizarmos um estudo da história das cidades em relação à implantação ou permanência da igreja, sua necessidade ou não, devemos levar em consideração que cada cidade tem sua própria história. Importa conhecer seus primórdios, seus processos organizatórios, quem exerceu ou exerce o poder político, econômico, espiritual. É fundamental conhecer a lógica administrativa municipal. Quais são as áreas privilegiadas na administração pública: educação, saúde, saneamento básico, especulação imobiliária. O resultado (lucro) dos empreendimentos é reaplicado em favor da cidade e redunda em progresso e bem-estar social ou é desviado para aplicação distante? Quais são os pontos fortes e os pontos fracos da cidade ou do bairro?

Atualmente, as grandes cidades são muito maiores e mais populosas que em tempos passados. Um exemplo é Paris. Em 1400, apresentava 225 mil habitantes em 8 km² de área. Hoje, a cidade possui mais de 2,3 milhões de habitantes e 105 km², sendo que sua região metropolitana possui mais de 11,2 milhões de habitantes e 14.518 km² de área.

Outro grande problema é a formação de **megacidades**. Algumas cidades já formam áreas com uma população superior a 10 milhões de habitantes. De acordo com a ONU, estima-se que atualmente Tóquio, Seul, Cidade do México, São Paulo, Bombaim, Nova Iorque, Jacarta, Nova Dehli, Osaka, Shangai, Karachi, Lagos tenham um número próximo a 20 milhões de habitantes.

As cidades, principalmente nesses "dois terços" do mundo, não crescem apenas em população (explosão demográfica), mas também em problemas sociais, econômicos e políticos. Pobreza, violência, fome, doenças, favelas, os problemas são imensos. O êxodo rural é um fenômeno mundial. Trata-se do abandono do campo para a migração para centros urbanos. Cerca de 54% da população mundial, que já atingiu a cifra de quase 7,5 bilhões de pessoas, atualmente mora em cidades. A ONU, como vimos, projeta que esse processo pode chegar a concentrar 66% da população mundial nas cidades já em 2050. No Brasil, a questão não é diferente. O país deixou de ser essencialmente rural no fim da década de 60, quando a população urbana chegou a 55,92%. A mecanização das atividades rurais (o que dispensa a mão de obra) e a atração exercida pelas cidades como lugares que oferecem melhores condições de vida são dois dos principais fatores do êxodo rural. Atualmente, o país conta com mais 84% de seus habitantes morando em áreas urbanas (IBGE, 2016).

Outra categoria nos estudos urbanos é o da cidade global. Estudos feitos recentemente mostram que hoje existem no mundo 55 cidades globais. Para sabermos se uma cidade é global, são levados em conta:

- o número de escritórios das principais empresas (em contabilidade, consultoria, publicidade e banco e consultorias);
- a rede financeira/bancária;
- a rede de telecomunicações;
- outros fatores.

As cidades globais são vetores importantes da globalização. Elas são sedes de poder e por meio delas que a economia global é administrada, coordenada e planejada. Algumas cidades são, simultaneamente, globais e megacidades; Nova Iorque e São Paulo estão nessa categoria.

Não há como negar que a cidade se apresenta como a próxima fronteira missionária, desafiando-nos a entender a conjuntura sociocultural para que o trabalho missionário seja verdadeiramente salutar e produza frutos. O que acontece nas cidades acaba por afetar uma nação inteira, e o mundo caminha na direção que as cidades seguem.

1.6 História da igreja cristã na cidade

Como vimos, a relação entre os templos e as cidades antigas era muito próxima. Os povos se fixavam próximo aos rios e ali estabeleciam seus templos, cada qual por sua religião. Em torno desses locais, a vida em sociedade se organizava, visto serem usados para armazenamento do estoque de alimentos da cidade e local de reunião social e festejos.

Desde o nascimento, a igreja de Israel, antecessora da cristã, se estabeleceu também em profunda relação com a cidade e os assentamentos urbanos, como já discorremos anteriormente. O povo de

Israel, quando saiu do Egito pelas mãos de Moisés, buscou um lugar para se fixar, uma Terra Prometida em que o povo (a civilização hebraica) pudesse ficar. Após quarenta anos andando pelo deserto, foi direcionado a Canaã, para sua terra (Êxodo, 15-18). Em sua terra, já sem Moisés, o povo de Israel teve Josué à frente para tomar as cidades que viriam a lhe pertencer:

> **Convite a passar à Terra Prometida** — *Depois da morte de Moisés, servo de Iahweh, Iahweh falou a Josué, filho de Nun, ministro de Moisés, e lhe disse: "Moisés, meu servo, morreu; agora, levanta-te! Atravessa este Jordão, tu e todo este povo, para a terra que lhes dou (aos filhos de Israel). Todo lugar que a planta dos vossos pés pisar eu vo-lo dou, como disse a Moisés. Desde o deserto e o Líbano até o grande rio, o Eufrates (toda a terra dos heteus), e até o Grande Mar, no poente do sol, será o vosso território. Ninguém te poderá resistir durante toda a tua vida; assim como estive com Moisés, estarei contigo: jamais te abandonarei, nem te desampararei.* (Josué, 1: 1-5)

Assim, a implantação da igreja é importante meio de unificação do povo em um lugar, e o gesto do povo de Israel pela constituição de sua igreja ocorrera ainda antes. Quando recebeu a lei, construiu o tabernáculo e ofereceu sacrifícios no Monte Sinai, no meio da travessia. Ao chegar à Terra Prometida, Josué estabeleceu a capital espiritual e administrativa em Jerusalém depois de alguns anos, e séculos além, cerca de 480 anos depois do êxodo do Egito, Salomão construiu o templo, conforme a datação bíblica disponível.

Esse é apenas o primeiro momento em que se estabelece a igreja nas terras de Israel. Da construção do Templo de Salomão até o nascimento de Cristo, passam-se cerca de 960 anos (o início da construção pode ser marcado em 968 a.C., e o término em 961 a.C., conforme consta em O Reinado..., 2011).

O segundo momento em que se dá, nas Escrituras, a interação clara entre o panorama urbano e a igreja, em sentido amplo, é no estabelecimento da profissão de fé entre Jesus Cristo e Simão Pedro, quando o Reino dos Céus é comparado a uma cidade. Vejamos o texto:

> **Profissão de fé e primado de Pedro** — *Chegando Jesus ao território de Cesareia de Filipe, perguntou aos discípulos: "Quem dizem os homens ser o Filho do Homem?" Disseram: "Uns afirmam que é João Batista, outros que é Elias, outros, ainda, que é Jeremias ou um dos profetas". Então lhes perguntou: "E vós, quem dizeis que eu sou?" Simão Pedro, respondendo, disse: "Tu és o Cristo, o filho do Deus vivo". Jesus respondeu-lhe: "Bem-aventurado és tu, Simão, filho de Jonas, porque não foi carne ou sangue que te revelaram isso, e sim o meu Pai que está nos céus. Também eu te digo que tu és Pedro, " e sobre esta pedra edificarei minha Igreja, e as portas do Inferno nunca prevalecerão contra ela. Eu te darei as chaves do Reino dos Céus e o que ligares na terra será ligado nos céus, e o que desligares na terra será desligado nos céus". Em seguida, proibiu severamente aos discípulos de falarem a alguém que ele era o Cristo.* (Mateus, 16: 13-20)

Essa passagem modelar, considerada um ponto alto nos evangelhos sinópticos, no Evangelho de Mateus é enriquecida com a transferência do poder das chaves das portas do céu a Pedro (Konings, 2009). Aquele que detinha as chaves dos palácios era quem poderia admitir ou recusar a entrada das pessoas e sua presença diante do rei (em Isaías, 22: 22, as chaves do palácio de Ezequias, chamadas de *chave do palácio de Davi*, são entregues, em profecia, ao escolhido). Assim, as chaves simbolizam que Pedro pode admitir e recusar aqueles que pedirem entrada no Reino. E a comparação continua, com Jesus atribuindo a Pedro um cargo similar ao de "prefeito". Isso fica claro em Konnings:

> a atribuição do "poder das chaves" a Simão Pedro é provocada por sua proclamação de fé messiânica em Jesus, em nome dos outros apóstolos. Simão pode ser o "pai" da comunidade: ele assume a responsabilidade. Jesus lhe dá nome de Cefas, em grego Pedro, que significa "rocha". A própria Igreja é comparada com uma cidade, contra a qual aquela outra (as "portas", ou seja, a cidade do inferno), não tem poder algum. E o prefeito desta cidade é aquele que se responsabilizou pela profissão de fé messiânica, Simão. Ele tem o poder de ligar (= ordenar, obrigar) e desligar (= deixar livre), portanto, o dom do governo, ratificado por Deus (o que o responsável faz aqui na terra, Deus o ratifica no céu). (Konings, 2009, p. 54)

Assim, como "prefeito" da cidade dos céus, ele assume a responsabilidade de aceitar ou recusar os cidadãos do Reino.

O terceiro momento importante na interação histórica da Igreja cristã com o panorama urbano é quando o grupo de apóstolos decide sair e propagar a igreja de Cristo pelo mundo:

> O topo culminante que assinala o ponto de partida da igreja de Cristo é o Monte das Oliveiras, não muito distante do muro oriental de Jerusalém. Ali, cerca do ano 30 a.D. Jesus Cristo, que havia ressurgido dentre os mortos, ministrou seus últimos ensinamentos aos discípulos e logo depois ascendeu ao céu, ao trono celestial.

> Um pequeno grupo de judeus crentes no seu Senhor, elevado como Messias-Rei de Israel, esperou algum tempo em Jerusalém, sem considerar, inicialmente, a existência de uma igreja fora dos limites do Judaísmo. Contudo, alargaram gradualmente seus conceitos e ministério, até que sua visão alcançou o mundo inteiro, para ser levado aos pés de Cristo. Sob a direção de Pedro, Paulo e seus sucessores imediatos, a igreja foi estabelecida no espaço de tempo de duas gerações, em quase todos os países, desde o Eufrates até ao Tibre, desde o Mar Negro até ao Nilo. O primeiro

> *período terminou com a morte de João, o último dos doze apóstolos, que ocorreu, conforme se crê, cerca do ano 100 (a.D). Consideremos, pois, essa época – "O Período da Era Apostólica".* (Hurlbut, 1979, p. 15-16)

Esse momento é quando se começam a definir os períodos pelos quais se pode traçar a história da Igreja a partir daquela época. É o período em que a Igreja se espalha, sai dos limites do judaísmo e começa a se estabelecer em todo o Império Romano (este rompimento dos limites do judaísmo é o principal tema do livro de Atos dos Apóstolos). É nesse momento que ganham importância as peregrinações de Pedro e Paulo, por várias das cidades do Império Romano e, logo a seguir, as cartas, também chamadas *epístolas*, aos povos das cidades, em geral aos convertidos ao cristianismo, direcionadas às congregações cristãs (aos romanos, coríntios, gálatas, efésios, filipenses, colossenses, tessalonicenses e hebreus) e às igrejas ou responsáveis por elas (Tito, Filêmon, Timóteo) no caso de Paulo. Sobre as epístolas, falaremos mais longamente adiante, no Capítulo 3. O Evangelho de Jesus desenvolveu-se a partir das cidades gregas e romanas. A partir do momento que ultrapassou os limites das terras bíblicas, a mensagem cristã teve outros desdobramentos e muitas pessoas foram abençoadas.

O período de mais de duzentos anos entre a chamada *Era Apostólica* (que se iniciou com a morte de Jesus, por volta de 30 d.C., e se encerrou com a morte de João, por volta de 100 d.C.) e o fim da perseguição aos cristãos no Império foi, então, de luta pela sobrevivência, sob o poder do maior império daquela época, que determinou a morte: "Durante sete gerações, um nobre exército de centenas de milhares de mártires conquistou a coroa sob os rigores da espada, das feras na arena e nas ardentes fogueiras" (Hurlbut, 1979, p. 16). Nos anos 30 d.C., quando Cristo evangelizava, seus seguidores eram poucos, escolhidos entre os que encontrava em seu caminho e se convenciam com suas palavras; depois, até o ano 313 d.C., durante a Era Apostólica, o cristianismo se espalhou pelo Império Romano; então, é uma igreja perseguida, por vezes obrigada a se reunir em catacumbas e cemitérios, proscrita pela lei e perseguida por sua crença. Da mesma maneira que nascera com Cristo, a igreja ganhou adeptos contrapondo-se ao poder romano, alcançando quase a metade do império. Então, em 313 d.C., o imperador Constantino I legalizou a religião por meio do Edito de Milão, e o próprio império aceitou-a como legal; por fim, em 380 d.C., Teodósio converteu-se e reconheceu o cristianismo como religião oficial do Império. Esse é o período em que se tem a inversão da posição dos cristãos no que diz respeito ao poder político.

Além dos questionamentos anteriores, em relação a uma cidade precisamos pensar: quem são os fundadores da igreja cristã? Qual era então sua visão missionária? E hoje como é? Como se relacionam com a cidade como um todo e como hoje a igreja se relaciona com a cidade? A igreja trabalha e vive em função de seus filiados ou está mobilizada para a missão? Que desafios estão sendo assumidos a partir dela? Que serviços estão sendo abraçados para promover a evangelização e um serviço a favor da cidade e sua população? Como é exercida a liderança espiritual? A liderança espiritual está centrada no pastor ou assume a dimensão de ministério compartilhado numa diversidade de serviços?

Esse panorama vai ser tratado com mais detalhamento no Capítulo 2, a seguir, quando tratamos da situação da igreja na época de Jesus e na Era Apostólica; e no Capítulo 3, no qual tratamos mais detidamente de Paulo, sua peregrinação e a projeção da igreja cristã para além dos domínios de Israel.

Síntese

Neste capítulo, você aprendeu sobre a história das cidades. A cidade é uma realidade que precisa ser conhecida. Também vimos conceitos e fundamentos de cidade no decorrer da história das civilizações, bem como o seu desenvolvimento e fatores de complicação da urbanização.

Atividades de autoavaliação

1. As principais razões que levaram o ser humano a organizar a vida social nas cidades, durante a Revolução Neolítica foram:
   a) O cansaço com o nomadismo, a necessidade de fixar moradia para abrigar os filhos, em quantidade crescente, e as mulheres, já que viviam em poligamia.
   b) A necessidade de armazenamento do excedente, funções públicas como a de guarda dos alimentos e também a necessidade de prédios públicos, como os silos para a guarda e, logo em seguida, o desenvolvimento da escrita.
   c) O fortalecimento dos reinos e o domínio por povos estrangeiros para produzir bens e gêneros de consumo para a metrópole. A necessidade de praticar o comércio e a indústria em locais fixos.
   d) Nenhuma razão, as cidades sempre existiram como centros de afluxo de viajantes e comerciantes, para compra e venda de produtos manufaturados pelos diferentes povos.

2. Quais foram os principais momentos em que a história da igreja se relaciona com as cidades?
   a) Ida de José ao Egito, primogenitura de Esaú e Abraão chegando à Terra Santa.

b) Expulsão de Adão e Eva do Éden, construção da Arca por Noé e Fuga do Egito.
   c) Construção do Templo de Salomão, Profissão de Fé de Pedro e a decisão dos apóstolos de propagar a igreja pelo mundo.
   d) Fuga de Moisés e o povo de Deus do Egito, início da vida pública de Jesus e o estabelecimento da igreja de Roma.

3. As principais civilizações da Antiguidade foram:
   a) A mesopotâmica, a grega e a helênica.
   b) A selêucida, a asmoneia e a de Mégara.
   c) A do Rio Indo, a do Rio Amarelo e a do Rio Congo.
   d) A suméria, a norte-americana e a asteca.

4. Entre as cidades mais antigas, as que estão mais propriamente relacionadas à história bíblica são:
   a) Jericó, Ur dos caldeus e Jerusalém.
   b) Çatal Hüyük, Biblos e Sidon.
   c) Argos, Beirute e Gaziantep.
   d) Damasco, Aleppo e Plovdiv.

5. As cidades globais são definidas principalmente por:
   a) número de casas em cada bairro; número de empresas poluentes; rede de padarias; número de automóveis.
   b) presença de praias e locais turísticos; número de hotéis e de quartos; presença de aeroporto e porto; isolamento em relação a florestas.
   c) falta de saneamento básico; população vivendo na periferia e sem-tetos; população de rua; mendigos atuantes.
   d) número de escritórios das principais empresas (em contabilidade, consultoria, publicidade e banco e consultorias); a rede financeira/bancária; a rede de telecomunicações; outros fatores igualmente importantes.

Atividades de aprendizagem

Questões para reflexão

1. Como acontece o desenvolvimento histórico da cidade?
2. O que marca uma grande cidade? Quais são as suas estruturas de funcionamento?
3. Como se deu o processo de urbanização no Brasil?
4. Qual foi o fator fundamental para promover o início das favelas?
5. Cite algumas mudanças drásticas do campo para a cidade.

Atividade aplicada: prática

Para as questões abaixo, as informações estão disponíveis na prefeitura ou subprefeitura da sua cidade ou bairro:

1. Qual é o nome e as origens de seu bairro?
2. Quantos habitantes residem no bairro em que você mora?
3. Quantas igrejas há no seu bairro?
4. Qual a data de fundação do bairro que você mora?

Com base nas informações que coletou, apresente um programa evangelístico para o seu bairro.

capítulo dois
....

A situação da Palestina nos dias de Jesus[1]

1 Todas as passagens bíblicas indicadas neste capítulo são citações de Bíblia (2002).

02

Neste capítulo, vamos nos deter sobre o nascimento da igreja de Cristo e sua disseminação pela região dominada na época pelos romanos. Dentro dessa perspectiva, trataremos um pouco sobre a região da Palestina e suas relações, na época, com o Império Romano, alguns dados sobre a vida pública de Jesus Cristo e ainda sobre a igreja após o Pentecostes, quando se inicia no cristianismo o movimento de ultrapassagem das fronteiras do judaísmo. Veremos como o Evangelho chegou às grandes cidades romanas, o período de perseguição aos cristãos e a passagem à posição de igreja oficial dos romanos. É certo que, em um momento após a ascensão de Jesus Cristo, a mensagem do Reino atravessou os limites da Palestina e se espalhou pelas cidades, e muitos foram os que levaram a Boa Nova aos novos irmãos. Porém, o trabalho principal de divulgação é hoje creditado a duas personagens históricas antigas, um discípulo direto e outro apóstolo de Jesus: Simão Pedro e Paulo de Tarso.

A mensagem do Evangelho de Jesus Cristo ultrapassou os limites geográficos da Galileia e chegou principalmente à Europa, à Ásia Menor (Oriente Próximo), às terras gregas e turcas e também ao Egito. Como base para tal expansão, foram usadas as rotas comerciais já estabelecidas. Essa escolha por rotas tradicionais ocorreu para facilitar as viagens e a divulgação da mensagem de Jesus, pois as estradas existentes percorriam as cidades mais habitadas e, assim, vemos até hoje a amplitude que a mensagem tomou: pessoas de outras culturas sentiram sua relevância e passaram a aderir aos princípios do Evangelho de Jesus. Apesar das dificuldades de comunicação, a transmissão ocorria principalmente de pessoa a pessoa, com testemunhos e mensagens que tinham impactado sua vida. Aqueles que tinham sua vida mudada levavam a Nova para os outros, os quais também eram influenciados e passavam a confirmar os testemunhos, convertendo-se e convertendo aos outros.

A difusão da mensagem cristã foi também rápida para as circunstâncias da época. Não mais que 20 anos haviam passado desde a ressurreição e ascensão de Jesus Cristo e já se viam comunidades em torno do Mediterrâneo e também mais para o Oriente. Lugares tão distintos quanto Alexandria, no Egito, e Antioquia, na Síria (ambas na África); Filipos e Tessalônica, na Macedônia (Europa); o centro do império, Roma (também na Europa); e mesmo mais ao Oriente, como Corinto, na Grécia, e Éfeso, já no Oriente Próximo, são nomes citados não apenas em textos bíblicos, mas também objeto das epístolas de Paulo, cartas em que o apóstolo objetivava organizar e unificar os comportamentos e crenças nas comunidades, construindo com suas palavras um princípio de compreensão teológica inicial da cristandade.

Assim, neste capítulo tratamos, em linhas gerais, da organização social, política, econômica e religiosa na região em que Jesus conduziu sua vida pública e o local no qual os textos que compõem o Novo Testamento foram escritos, a Palestina do século I d.C. Com essa visão do panorama social, é possível compreender a expansão e posterior domínio do cristianismo sobre o Império Romano, causado pelo impacto da mensagem cristã, inovadora por propor, desde a teorização paulina, um Deus único que fosse de todos os povos, em contraposição aos deuses de um só povo (como era o próprio Deus para os judeus em parte do Antigo Testamento) ou múltiplos deuses, regionais, locais ou impostos pelos reis. O Deus cristão traz essa marca da universalidade que não era característica das religiões até então. Essa facilidade de aceitar desde os mais carentes e pobres, como diz a mensagem de Jesus em Mateus, 19: 21: "Se queres ser perfeito, vai, vende os teus bens e dá aos pobres, e terás um tesouro nos céus. Depois, vem e segue-me"; e também a inclusão dos outros povos, como se vê em Marcos, 16: 15-16: "Ide por todo o mundo, proclamai o Evangelho a toda criatura. Aquele que crer e for batizado será salvo; o que não crer será condenado". Jesus escolhe os mais carentes e os outros povos como destino preferencial de sua igreja. Assim, a sua peregrinação, que começou na Galileia, continuou com seus discípulos e apóstolos por todo o Império Romano e até além dele.

Sobre essa definição do destino da igreja de Jesus, os teóricos são unânimes. Vejamos o que diz Hurlbut (1979, p. 16-17) sobre os primeiros cristãos:

> *O topo culminante que assinala o ponto de partida da igreja de Cristo é o Monte das Oliveiras, não muito distante do muro oriental de Jerusalém. Ali, cerca do ano 30 [d.C.]. Jesus Cristo, que havia ressurgido dentre os mortos, ministrou seus últimos ensinamentos aos discípulos e logo depois ascendeu ao céu, ao trono celestial.*
>
> *Um pequeno grupo de judeus crentes no seu Senhor, elevado como Messias-Rei de Israel, esperou algum tempo em Jerusalém, sem considerar, inicialmente, a existência de uma igreja fora dos limites do Judaísmo. Contudo, alargaram gradualmente seus conceitos e ministério, até que*

> sua visão alcançou o mundo inteiro, para ser levado aos pés de Cristo. Sob a direção de Pedro, Paulo e seus sucessores imediatos, a igreja foi estabelecida no espaço de tempo de duas gerações, em quase todos os países, desde o Eufrates até ao Tibre, desde o Mar Negro até ao Nilo. O primeiro período terminou com a morte de João, o último dos doze apóstolos, que ocorreu, conforme se crê, cerca do ano 100 [d.C.].

Esse período, essencial para a cristandade, revela a mensagem de Deus ao mundo todo, a mesma mensagem que ainda persiste entre nós, em todo o mundo conhecido.

2.1 A Palestina na época de Jesus Cristo

Embora seja comum, mesmo entre os teólogos, chamar a região onde Cristo nasceu, viveu e foi imolado de *Palestina* – nome dado por Adriano, imperador romano e perseguidor de cristãos –, essa denominação é controversa, visto que teólogos de maior tradição judaica não reconhecem esse nome, advogando pelo nome de *Israel* para toda a Terra da Promessa (McCall, 2011). O nome usado no Antigo Testamento seria Filístia (terra dos filisteus), apenas para a costa sudoeste do país; por outro lado, as terras centrais, mais altas, eram denominadas *Canaã* (terra dos cananeus). Assim, mesmo os romanos da época de Jesus usavam mais possivelmente os termos *Judeia* e *Galileia* para essas terras, sendo o termo *Palestina* datado apenas após a revolta de Bar-Kosba, em 135 d.C., quando Adriano passa a chamar Jerusalém de *Aelia Capitolina* (em sua própria homenagem, usando seu nome Publius Aelius Traianus Hadrianus) e a Terra de Israel de *Palestina*.

De todo modo, a maioria dos estudiosos prefere tratar por Palestina a faixa de terra, não muito extensa, situada entre o norte da África e o leste da Ásia (também chamado de *Oriente*

Próximo), que sempre foi notada por seu valor estratégico e, por isso, alvo de invasões, motivo de guerras e disputa entre muitos povos. Em extensão, era semelhante ao território hoje compreendido por Israel. Àquela época, era chamado *Palestina* pelo Império Romano. Não compreende mais de 34 mil quilômetros quadrados (em comparação, ocuparia apenas o equivalente ao estado do Espírito Santo, por exemplo). Estimativas calculam que a população total seria de 65 mil pessoas. As principais regiões na área eram a Galileia, a Samaria e a Judeia; porém, havia ainda outras regiões, como Decápolis, Gaulanítide, Traconítide, Pereia e Idumeia, como podemos ver no mapa da Figura 2.1.

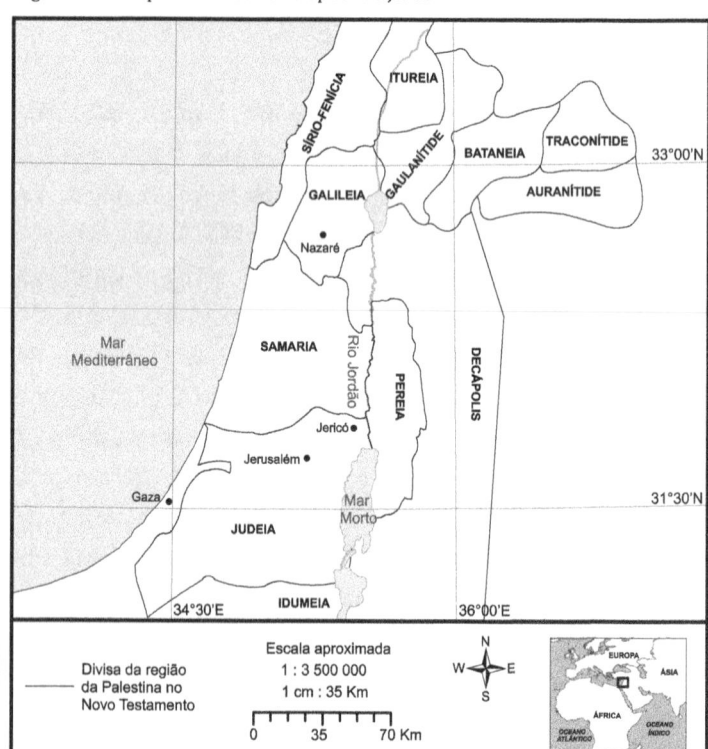

Figura 2.1 – Mapa da Palestina na época de Jesus

Então, podemos dizer que, geograficamente, a Palestina incluía uma faixa de terra entre o Mar Mediterrâneo e o Vale do Jordão, com uma região fértil, a Galileia, com regime de chuvas benéfico à agricultura; e também algumas partes quase desérticas, como a depressão do Jordão, cuja região quase não recebe chuva, a não ser em alguns oásis, como Jericó.

2.2 Situação econômica

A posição da Palestina, no Levante, sempre foi estrategicamente importante pois, além de concentrar as terras férteis da região, era uma importante, passagem entre o Oriente e a parte sul da Europa, além de apresentar importantes centros urbanos, como Cesareia e Jerusalém, com comércio pujante e importante indústria. Muitas estradas antigas cruzavam a região, a produção local era trocada com os viajantes, e estes deixavam ali seus produtos de outras plagas.

Um princípio bastante sólido para os judeus é que a terra pertence a Deus, não a ninguém mais. Foi Ele que lhes deu o país, a Terra Prometida de Canaã. E para demonstrar e comemorar essa dedicação há várias festas religiosas para recordar ao povo quem é o dono da terra.

A base da alimentação do povo da Palestina era o trigo e seus derivados. A Galileia era o centro dessa produção, por apresentar as terras mais férteis. Porém, além desse produto, produziam-se também cevada, figos, vinho e oliva para o azeite; na pecuária, praticava-se a criação de ovelhas, cabras e bois, para consumo e para sacrifícios. Havia ainda, com menor importância, culturas de "lentilhas, ervilhas, alface, chicória, agrião" (Saulnier, Rolland, 1983, p. 23). Eram também encontradas na Palestina muitas árvores e muita mata, tanto é que Vespasiano, quando invadiu Jerusalém, mandou desmatar as cercanias da cidade para vê-la melhor a distância.

Havia uma incipiente manufatura, especializada na defumação ou salga de peixes, construção, fiação e tecelagem, produção de artigos em couro, cerâmica, além de um artesanato de produtos de luxo, como perfumes e a extração e tratamento do betume, substância utilizada para a calafetagem dos navios. Além disso, outros ofícios se faziam presentes, principalmente nas grandes cidades, tais como os padeiros, os carregadores de água, os barbeiros etc. O comércio, tanto interno quanto externo, também era praticado. A principal atividade econômica da região, contudo, era a agricultura. As atividades de pesca, pecuária e extrativismo também não podem ser esquecidas, devido a sua grande importância econômica.

2.3 Situação política

A situação política da Terra Prometida não era nada simples na época em que Jesus viveu. De um lado, todo o país estava entregue ao jugo romano, sendo governado por mãos de ferro pelos procuradores. Por outro, a sociedade judaica tinha bases legais, sociais e religiosas que não se misturavam com facilidade às regras do dominador. Era, portanto, uma vida em dupla organização: de submissão política em relação ao Império e de entrega às leis de seu Deus. Nesse paradoxo se encontrava o povo judeu, sempre entre uma e outra.

2.3.1 Roma e a Palestina

O Império Romano não esteve interessado pelas terras palestinas até pelo menos a metade do século II a.C. Porém, após as grandes conquistas de Alexandre (356 a.C.-323 a.C.), com a morte do conquistador, houve certo esfacelamento do reino, dividido entre seus generais. Assim, o Egito passou a ser governado pelos lágidas; os selêucidas dominam entre a Ásia Menor e o Rio Indo; a parte europeia foi dominada pelos antigônidas, que guerreavam contra os gregos; e Pérgamo, reino pequeno na Ásia Menor, era governado pelos atálidas[2]. Essa é a situação do que chamamos de *civilização helenística*, derivada do rápido crescimento provocado pelas conquistas alexandrinas, secundado pelo decréscimo acentuado na concentração de poder após sua morte. Era um conjunto que, embora unido pela língua e cultura, se mostrava politicamente muito instável, pelas disputas, e mesmo guerras, internas que o sacudiam.

Nessa época, então, a Palestina era parte de um desses conflitos, entre os lágidas e os selêucidas. Porém, em 64 a.C., Pompeu, general romano, aproveitou-se desse enfraquecimento e iniciou a invasão da região, criando a província romana da Síria e, logo em seguida, conquistou também a Palestina, que se tornou província de Roma. O comando de Roma era de exercício do poder efetivo, entretanto com grande autonomia nas províncias e legando a execução do governo, sempre em nome de Roma, para procuradores locais. Foi assim que o poder efetivo na província palestina passou às mãos da chamada *dinastia herodiana*, entre os anos de 37 a.C. e 92 d.C., pelo menos. O primeiro dos Herodes, alcunhado de "o Grande" ficou conhecido por agradar os romanos, construindo grandes projetos em Jerusalém (o Segundo Templo, chamado de *Templo de Herodes* e feito durante a vida de Jesus) e em outras cidades. Então, com sua morte, em 4 a.C., o reino foi dividido entre seus filhos no modelo de uma tetrarquia, que durou aproximadamente 10 anos, com Herodes

---

[2] Esses nomes complexos de dinastias, em geral, se ligam ao nome de um importante rei da região e seus descendentes.

Antipas (que governava a Galileia e a Pereia), Herodes Arquelau (na Samaria, Judeia e Idumeia) e Filipe (na Traconítide, Galanítide, Bataneia, Auranítide). Ocorreu disputa entre os filhos para o cumprimento do testamento do pai, havendo até uma delegação de poderosos de Jerusalém que propuseram a administração direta de Roma sobre a Judeia, por terem queixas sobre a maneira tirânica com que Herodes tratava o povo judeu. Porém, o imperador Augusto, em Roma, decidiu manter o testamento de Herodes, retirando ainda da responsabilidade dos filhos o governo das cidades de Gaza, Gadara e Hippos, que passaram à província da Síria, com governo próprio.

No ano 6 d.C., os reinos foram incorporados à província da Judeia e o último dos Herodes, chamado Agripa II, reinou até 92 d.C., quando Roma assumiu todo o poder sobre a Judeia.

O testemunho bíblico está em Lucas, 3: 1-3:

> *No ano décimo quinto do império de Tibério César, quando Pôncio Pilatos era governador da Judeia, Herodes tetrarca da Galileia, seu irmão Filipe tetrarca da Itureia e da Traconítide, Lisânias tetrarca de Abilene, sendo sumo-sacerdote Anás, e Caifás, a palavra de Deus foi dirigida a João, filho de Zacarias, no deserto. E ele percorreu toda a região do Jordão, proclamando um batismo de arrependimento para a remissão dos pecados.*

Durante a época que nos interessa mais detidamente, a Era Apostólica, que se passa durante a vida de Cristo e após, até a morte do último discípulo de Nosso Senhor, João, no ano 100 d.C., a Palestina era governada pelos herodianos, judeus, porém representantes de Roma. Ainda assim, mesmo com governo romano, havia um sinédrio[3], com sede em Jerusalém, que ajudava a resolver as questões internas relativas aos judeus, como o poder judiciário. Esse tipo de assembleia de anciãos se repetia também nas outras pequenas cidades e vilas, nestas apenas com três membros. Em Mateus, 5: 25, o sinédrio é citado (como juiz das questões cotidianas): "Assume logo uma atitude conciliadora com o teu adversário, enquanto estás com ele no caminho, para não acontecer que o adversário te entregue ao juiz e o juiz ao oficial de justiça e, assim, sejas lançado na prisão". Isso denota que até os casos de emissão de juízo seriam apresentados à assembleia religiosa, porém os impostos continuavam sendo pagos aos representantes de Roma, e o texto do Novo Testamento é pródigo em mostrar como os cobradores de impostos eram considerados externos a sua sociedade, já que representavam o invasor romano. No Evangelho, há a passagem em que os cobradores chegam aos apóstolos indagando se o Mestre pagava os impostos:

> *Quando chegaram a Cafarnaum, os coletores da didracma aproximaram-se de Pedro e lhe perguntaram: "O vosso mestre não paga a didracma?" Pedro respondeu: "Sim". Ao entrar em casa, Jesus antecipou-se-lhe, dizendo: "Que te parece, Simão? De quem recebem os reis da terra tributos ou impostos? Dos seus filhos ou dos estranhos?"* (Mateus, 17: 24-25)

Outra passagem conhecida é sobre o próprio discípulo Mateus, dado como autor do Evangelho, que tinha como profissão de origem

---

3   Sinédrio é, na Palestina, sob o domínio romano, [a] assembleia judia de anciãos da classe dominante à qual diversas funções políticas, religiosas, legislativas, jurisdicionais e educacionais foram atribuídas [...] A palavra aparentemente foi aplicada a diversos corpos diferentes, mas designa esp[ecialmente] a suprema corte judia legislativa e judicial de Jerusalém, o Grande Sinédrio. (Houaiss; Villar, 2009)

a de cobrador de impostos (a literatura considera a escolha de Jesus por esse discípulo um fator de inclusão dos excluídos, visto que, por sua profissão submissa aos romanos, essas pessoas eram malvistas na sociedade judaica da época, considerados párias). Há duas menções no Evangelho de Mateus a sua profissão: "**Chamado de Mateus** – Indo adiante, viu Jesus um homem chamado Mateus, sentado na coletoria de impostos, e disse-lhe: 'Segue-me'. Este, levantando-se, o seguiu" (Mateus, 9: 9) e "Filipe e Bartolomeu; Tomé e Mateus, o publicano; Tiago, o filho de Alfeu, e Tadeu" (Mateus, 10: 3), em que o discípulo se diz publicano, ou seja, cobrador de impostos do Império.

Porém, e isso causou grande revolta entre os judeus, a cobrança de impostos era o grande negócio dos romanos na região. Vejamos os tributos então cobrados:

> *Do ponto de vista do fisco, Roma exige diversas espécies de impostos dos territórios que dependem da sua administração direta: o tributum soli, que obriga todas as propriedades provinciais (salvo se elas se beneficiam de ius italicum que as equipara às propriedades italianas) e o tributum capitis, que é cobrado sobre todas as rendas mobiliárias. Além disso, um imposto direto pesa sobre os indivíduos: o tributo, se se trata de peregrinos ("É permitido pagar o tributo a César?" [Mateus, 22: 17]) e o vigésimo sobre as heranças, se se trata de cidadãos romanos. Os impostos indiretos são pouco conhecidos em detalhes; sabe-se que existiam taxas sobre as vendas, sobre as alforrias e igualmente direitos de alfândegas, os portoria (o mais bem atestado desses direitos de alfândega é o que se cobrava nas fronteiras das Gálias e era chamado o "quadragésimo das Gálias").* (Saulnier, Rolland, 1983, p. 21)

Vemos assim que o interesse da metrópole era principalmente cobrar tributos aos dominados, sob a pressão dos exércitos. Os dominados, quando pagavam, se revoltavam, pois sentiam-se espoliados pelo dominador, embora tivessem certa autonomia de ação no cotidiano, como é demonstrado pela presença tolerada do sinédrio como instância judicial.

Dessa maneira, a submissão aos romanos implicava a cobrança de vários impostos, diretos e indiretos, o que aumentava a insatisfação do povo, e surgiram com isso movimentos de resistência e revoltas, como a Guerra Judaica, entre 66 d.C. e 73 d.C., descrita por Flávio Josefo, historiador judaico-romano. Algumas revoltas judias, anteriores a Cristo, são citadas por Gamaliel (fariseu, doutor da Lei no sinédrio) nesta passagem dos Atos dos Apóstolos:

> *Antes destes nossos dias surgiu Teudas, que pretendia ser alguém, e ao qual aderiram cerca de quatrocentos homens. Mas foi morto, e todos os que lhe deram crédito se dissolveram e foram reduzidos a nada. Depois dele veio Judas, o galileu, na época do recenseamento, atraindo o povo atrás de si. Pereceu ele também, e todos os que lhe obedeciam foram dispersos.* (Atos, 5: 36-37)

Houve ainda outras revoltas contra a prevalência romana na região, como as citadas em Lucas, 13: 1: "Nesse momento, vieram algumas pessoas que lhe contaram o que acontecera com os galileus, cujo sangue Pilatos havia misturado com o das suas vítimas", sobre a revolta dos galileus; e Atos, 21: 38: " Não és tu, acaso, o egípcio que, dias atrás, sublevou e arrastou ao deserto quatro mil bandidos?". Também é clara a situação de Barrabás, o zelote (partido que lutava contra a dominação romana), preso junto com Jesus e libertado em indulto em seu lugar, no episódio de Pôncio Pilatos (João, 18).

Durante a Guerra Judaica, alterou-se a política de Roma em relação a Israel, passando então a uma posição mais dura, o que se pode ver inclusive na destruição do Templo pelos romanos em 70 d.C., o qual havia sido reconstruído recentemente por Herodes, pela segunda vez (após Salomão). Essas ocorrências ajudaram a separar cada vez mais o povo judeu entre cristãos e não cristãos, visto que, com a destruição do Templo, o sistema tradicional dos judeus de oferecer sacrifícios a Deus se interrompeu, não sendo mais retomado; o culto, desde então, passou a ser realizado nas sinagogas, pelos rabis fariseus.

No ano de 132 d.C., ocorreu nova revolta liderada por Simão Bar-Kosba, que terminou com grande baixa na população masculina na região palestina. Jerusalém foi destruída e refeita de acordo com o que mandava a capital, como colônia romana, servindo de paragem para as legiões e soldados aposentados, além de proibir-se a entrada de judeus na cidade, construindo-se um templo pagão no lugar do antigo Templo.

2.3.2 A organização da sociedade judaica

A sociedade judaica era muito estratificada e restrita, porém vivia sob domínio romano. Havia, assim, uma dupla estratificação que a tornava bastante complexa. Veremos, a seguir, alguns aspectos de organização social e política dessa sociedade.

Organização social e hierarquia de classes

Na hierarquia do Império Romano, a principal distinção era jurídica: havia os **cidadãos romanos** (livres, gozavam de todos os privilégios em relação ao direito, política e tributação, submetidos ao *Ius civile*, o direito dos cidadãos); as **pessoas de direito peregrino** (livres, mas estrangeiros em relação a Roma, dependiam do direito praticado em sua cidade ou etnia de origem, submetidos ao *Ius gentium*); e os **escravos** (que não tinham existência jurídica e eram bastante numerosos), também divididos em castas conforme suas profissões, os que trabalhavam em minas e nos campos com a vida difícil e os especialistas em profissões mais urbanas, como cozinheiros, médicos e escribas, bem tratados e muitas vezes até libertados. A grande maioria dos habitantes do Império Romano nos séculos I e II d.C. era de peregrinos, fora da Península Itálica.

Podemos ver por essas considerações que quase toda a população judia, na época de Cristo, era de **peregrinos**. Também havia alguns cidadãos romanos e mesmo escravos. Assim, o povo judeu tomava como sua lei civil a sua lei tradicional, codificada na Torá (que constituem os 5 primeiros livros da nossa Bíblia), uma lei religiosa.

Em termos da organização interna dos judeus, como sociedade dominada e à parte da romana, a nação era também dividida em classes, originadas principalmente das profissões exercidas pelas pessoas. Como sociedade religiosa, a principal posição hierárquica era a do sumo sacerdote. Exercia as funções de principal juiz, o responsável pela Lei, de administrador do Templo e presidente do sinédrio. Era o único permitido a entrar, uma vez ao ano, no Kipur, no recinto do Santo dos Santos, situado bem no centro do Templo, para a cerimônia da expiação. O sumo sacerdote era sempre o primeiro a escolher sua parte das oferendas e tinha no Templo uma fonte de renda: os animais para o sacrifício eram vendidos somente ali, pois havia muitas exigências para que pudessem ser oferecidos; além dos animais, também se vendiam objetos de valor, como madeiras e perfumes; esse comércio era restrito à família do sumo sacerdote ou prepostos que pagavam por isso. Ocorreu também uma mudança na posição do Império, desde que Herodes foi nomeado procurador de Roma, destituindo-se o sumo sacerdote sempre que aprouvesse a Roma. Esse fato diminuiu ainda mais o poder do sumo sacerdote sobre o povo judeu, pois importava mais agradar a Roma que ao povo. Então, esse poder se restringia a poucos escolhidos, mesmo entre o partido saduceu, que comandava as funções sacerdotais no período. Nas funções do Templo, o sumo sacerdote tinha alguns funcionários a ele subordinados, chamados de *chefes dos sacerdotes*, nomeados em geral de sua família ou amigos: 1 comandante do Templo, que o substituía em caso de necessidade, 24 chefes das seções semanais, 7 vigilantes do Templo e 3 tesoureiros.

Abaixo desse grupo que exercia o poder no Templo, encontrava-se um grande número de sacerdotes, aproximadamente 7 mil. Por serem muitos para cuidar de um só Templo, eles eram divididos em 24 classes semanais. Em uma dada semana, uma turma determinava algumas funções no culto; durante as três grandes festas do povo judaico, as classes entravam em serviço ao mesmo tempo, o que resultava em que cada uma delas tinha apenas cinco semanas de trabalho no Templo por ano e no resto do tempo nada a fazer (talvez algumas reuniões do sinédrio da aldeia, quando exigido). Esse era o clero pobre, pois só vivia do que era oferecido no Templo em suas semanas de trabalho e do dízimo. Porém, com o excesso de impostos e tributos ao dominador romano, era difícil até mesmo cobrar dos mais pobres do povo o sacrifício do dízimo, e assim muitos deles tinham outros ofícios, como artesãos, comerciantes e até escribas. Essa parte do clero é mais próxima do povo, mesmo em questão das condições de vida e até de instrução, dessa maneira mais próxima também nas ideias. Dessa maneira, quando eclode a guerra contra o dominador romano, muitos deles se alinham aos zelotes na tentativa de se livrar do jugo e com eles também pagam com a destruição do Templo. Esse sacerdócio é hereditário, sempre de pai para filho, desde que a mãe seja judia e o filho tenha condições físicas e mentais para exercê-lo.

Ainda abaixo dessa classe, encontra-se um grupo remanescente da divisão inicial de Israel em 12 tribos: os levitas. Também trabalham no Templo em escalas de 24 classes semanais, com cinco semanas de serviço por ano, porém não há notícia de que recebiam algo por isso. Essa antiga tribo dos filhos de Levi era a que exercia o sacerdócio quando da divisão das tarefas no Antigo Testamento. Porém, esse privilégio do sacerdócio, bem como a parte do dízimo e das oferendas foram-lhes retiradas em algum momento da história, em benefício dos novos sacerdotes. Assim, exerciam os serviços de músicos e de porteiros do Templo, o que incluía a animação das liturgias e também a guarda e limpeza da área do Templo, com exceção do pátio dos sacerdotes. Dentre os levitas, também havia divisão rígida de papéis, entre os chamados *levitas músicos* e os *levitas porteiros*, que foi retirada por Herodes Agripa II, com o fim de diminuiu o poder dos sacerdotes, um dos fatores que diminuíram sua popularidade entre os judeus.

Esse primeiro grupo religioso formava o que restava na época do que seria a tribo dos levitas consagrados a Deus, do Antigo Testamento. As outras onze tribos, no que restou delas, formavam o povo judaico, bem diversificado em suas profissões e classes sociais.

A população judaica em geral, sem função religiosa específica, também apresentava divisão de classes, calcada na propriedade. Assim, no topo da sociedade leiga encontravam-se os chamados *anciãos*, que formavam uma espécie de oligarquia local. Eram poucos e muito ricos, baseando sua riqueza em grandes propriedades ou comércio de larga extensão. Formavam a classe alta e eram a ponte que unia a servidão a Roma, pois eram esses homens que ajudavam na cobrança de impostos para o Império. De qualquer modo, representavam também uma força reativa da sociedade judaica, pois sentiam-se expropriados pelo invasor. Quando Herodes, o Grande, foi nomeado procurador romano, houve certa reação contra sua chegada de parte de 45 anciãos judeus, os quais foram executados, para demonstração de poder. O costume romano teria levado apenas ao confisco de seus bens e exílio; porém, tendo Herodes nascido em Jericó, sendo edomita (judeu com origem em Edom) por nascimento, preferiu a solução mais radical. Essa aristocracia econômica não tinha privilégios religiosos (por exemplo, não entravam no interior do Templo, reservado aos sacerdotes e levitas). Assim, conseguia certos privilégios, como o de fornecer a lenha para os sacrifícios e deixar seus filhos junto com os levitas músicos para acompanhar os cultos. Essa classe era composta sobretudo por saduceus (partido ou facção na sociedade judaica de que trataremos adiante), embora se tenha notícia de que os herodianos (outro partido) tenham entrado nesse círculo, após a dinastia receber o poder de Roma.

A classe média, formada principalmente por artesãos e comerciantes médios, em geral trabalhava para o Templo ou em função do comércio ali realizado: cambistas, ceramistas, padeiros, alfaiates, artesãos de objetos de luxo, todos acorriam ao mercado principal da cidade judaica – o próprio Templo. Outro segmento dessa classe cuidava dos ofícios ligados à acolhida e hospedagem nas pousadas e hospedarias, ao transporte e à alimentação dos peregrinos. Essa parte da classe média vivia então dos trabalhos oferecidos aos viajantes e dependia das épocas de peregrinação, as festas anuais, que eram sete: a Páscoa, o Pentecostes, os Tabernáculos, a Dedicação ao Templo, o Kipur (Expiação), o Purim (Festa das Sortes) e o Ano Novo (Festa das Trombas). Dessas festas, três eram chamadas *de peregrinação*, pois obrigavam os judeus a seguirem para Jerusalém: a Páscoa, o Pentecostes e os Tabernáculos. Na Figura 2.2, vemos um calendário aproximado da comemoração dessas festas. Os comerciantes viviam do que vendiam aos peregrinos principalmente nessas ocasiões, em que o povo era obrigado, segundo a Lei (Deuteronômio, 12: 17-18), a gastar o chamado *segundo dízimo*, uma segunda parcela de seus ganhos a ser gasta em peregrinação. Nem todos obedeciam a essa norma, porém os peregrinos em geral o faziam. Desse cálculo, excluíam-se também os gastos voltados a sacrifícios; contavam-se apenas alimentação, vestes, perfumes e objetos de luxo oferecidos no Templo durante a festa.

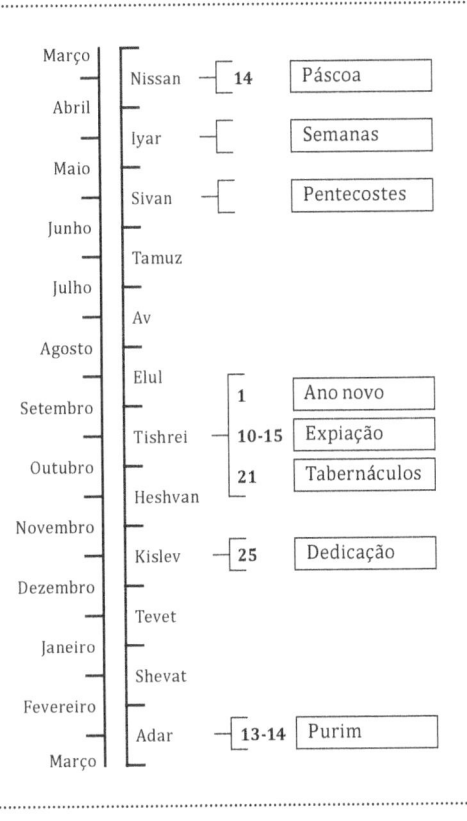

Figura 2.2 Calendário das festividades judaicas na época de Jesus

Mês	Mês judaico	Dia	Festa
Março	Nissan	14	Páscoa
Abril	Iyar		Semanas
Maio	Sivan		Pentecostes
Junho	Tamuz		
Julho	Av		
Agosto	Elul		
Setembro	Tishrei	1	Ano novo
		10-15	Expiação
Outubro		21	Tabernáculos
	Heshvan		
Novembro	Kislev	25	Dedicação
Dezembro	Tevet		
Janeiro	Shevat		
Fevereiro	Adar	13-14	Purim
Março			

Assim, essa classe vivia da exploração do comércio e dos serviços prestados ao povo em geral, que não tinha muitas posses e era obrigado a ir ao Templo e gastar cerca de 14% de seus ganhos em tempos normais (aí incluídos o dízimo e outras contribuições) e mais 10% do segundo dízimo em época de festas. Dessa maneira, podemos compreender algumas manifestações de Jesus, no Evangelho, em relação aos comerciantes, aos fariseus (de que trataremos depois) e aos escribas no Templo.

Um pouco mais abaixo, na hierarquia social, encontrava-se o povo. Os documentos são parcos em relação a essa fatia, certamente a maior da população. Porém, podemos distinguir algumas categorias, por suas profissões e necessidades da sociedade. Eram pequenos proprietários agrícolas em regime de produção de subsistência, quase sem excedentes a comerciar e, quando haviam, eram trocados em regime de escambo, possivelmente para evitar os impostos sobre o comércio. Pela tradição do povo judaico, apenas o primogênito herdava as propriedades da família; desse modo, era comum que os outros filhos se tornassem operários do irmão, mais abaixo na escala social, ou saíssem, expatriados por vontade própria à procura de novas oportunidades. Os artesãos, como curtidores de couros, tecelões, pastores, médicos e cirurgiões eram muitas vezes malvistos na sociedade por preconceito contra as profissões, por vezes refletido na lei (a mulher do curtidor podia obrigá-lo ao divórcio por causa do cheiro; o tecelão não podia testemunhar no sinédrio por ser mentiroso por profissão; o pastor era considerado ladrão, por se alimentar do rebanho ou entrar em pastagens alheias). Eram essas profissões, junto com as dos operários e diaristas (chamados de *jornaleiros*, pois recebiam por jornada de trabalho nas plantações) que constituíam o povo judaico em geral naquela época. Eram, dessa maneira, trabalhadores com pequenos salários, chamados de *povo da terra* e incultos pelos escribas, mas eram aqueles que carregavam o maior peso do domínio romano. Eles não tinham, como as outras classes, chances de uma barganha com os dominadores: eram expropriados e sofriam, por isso apoiavam as revoltas empreendidas contra a ocupação e muitos morriam por isso. Consequentemente, esperavam a redenção por uma ação libertadora de seu Deus; eram os que mais ansiavam a vinda do Messias para trazer-lhes a redenção.

Também havia na Palestina de então uma classe de excluídos, párias na sociedade judaica, constituída por **mendigos**, **ladrões** e **escravos**. Uma classe por certo numerosa, que aumentou muito de tamanho na época da vida de Cristo. Como os mendigos, os ditos "leprosos" também eram excluídos da sociedade, junto com os exilados. Eram aqueles que apresentavam doenças de pele (não apenas a hanseníase, mas também feridas, tumores, deformidades; todas essas doenças eram caracterizadas sob a pecha excludente de *lepra*), em razão do perigo de contágio e da mania de limpeza da Lei judaica (veja-se, como exemplo dessa busca pela limpeza, a proibição de comerem-se animais que rastejam e porcos, que chafurdam; a proibição de contato com mulheres em tempos de regras ou após o parto, consideradas impuras; as definições estritas das condutas permitidas e proibidas, no Levítico). Assim, os impuros eram obrigados a mendigar, a maior parte em Jerusalém, onde os peregrinos eram mais generosos e a esmola podia ser contada no segundo dízimo, mas também nas estradas e imediações das aldeias. Os ladrões, nas cidades e nas estradas, também constituíam grupo importante e crescente durante a dominação romana. Ressalte-se que o termo incluía os zelotes, rebeldes que queriam a expulsão dos romanos. Por último, no grupo dos miseráveis estavam ainda os escravos judeus e os pagãos. Podia tornar-se escravo entre os judeus o ladrão que não conseguia ressarcir os prejuízos que causou e o pai de família que pedisse emprestado e não pagasse (por lei). Os escravos judeus tinham direitos jurídicos semelhantes ao filho mais velho do seu senhor e tinham sua família sustentada por ele. Assim, seu *status* era de um operário respeitado, porém não livre. Os judeus eram libertados nos anos sabáticos, que ocorriam a cada sete anos. Desse modo, um judeu só podia ser escravo por períodos de seis anos e não executava trabalhos humilhantes. Já os escravos pagãos podiam sê-lo pelo resto da vida; eram propriedade do senhor e considerados como coisa, não podiam sequer preparar as refeições e não tinham restrições de trabalho, com o único dever de guardar o sábado.

Alguns aspectos relevantes da sociedade judaica

Sinédrio – Já tratamos anteriormente, de passagem, sobre o sinédrio. As primeiras menções ao tribunal datam da época do domínio persa sobre os judeus, já nos reinados de Antíoco III (223 a.C.-187 a.C.), com o nome de *gerousia* (conselho de anciãos) e sua instituição com dimensão determinada são do reinado de Hircano (134 a.C.-104 a.C.). Era, na época, um conselho que auxiliava o sumo sacerdote, que presidia as sessões. Era composto por 71 membros, entre eles os anciãos das tribos, os sumos sacerdotes que haviam cumprido seu tempo na função, sacerdotes saduceus e, mais próximo à época de Cristo, escribas fariseus. Herodes, o Grande tentou diminuir os poderes do sinédrio, inclusive nomeando seus partidários para o conselho, porém o imperador acabou por ampliar os seus poderes. As funções do tribunal eram variadas e incluíam a administração da justiça e da Lei, a fixação da doutrina religiosa e o controle da vida religiosa da comunidade. No Evangelho, é a guarda do sinédrio que vai em busca de Jesus para sua prisão, conforme podemos ver em João, 18: 3: "Judas, então, levando a coorte e guardas destacados pelos chefes dos sacerdotes e pelos fariseus, aí chega, com lanternas, archotes e armas". Além do grande sinédrio em Jerusalém, que era como uma corte suprema, havia em toda a Palestina sinédrios locais, compostos por três membros, entre os quais havia um juiz. O interrogatório de Jesus pelos membros do sinédrio durante a noite de sua prisão foi apenas uma investigação (João, 18: 12-27) para apresentar ao prefeito romano, Pilatos, as acusações que, para eles, deveriam condená-lo à morte, ficando assim definidas, na visão do conselho, que ele se dizia rei dos judeus em lugar de César (João, 18: 28-40; 19: 1-16) e fez-se Filho de Deus (João, 19: 7: "Os judeus responderam-lhe: "Nós temos uma Lei e, conforme essa Lei, ele deve morrer, porque se fez Filho de Deus", pois o sinédrio nessa época não podia definir penas de morte, como afirmam os próprios saduceus do tribunal, em João, 18: 31: "Disse-lhes Pilatos: 'Tomai-o vós mesmos, e julgai-o conforme a vossa Lei'. Disseram-lhe os judeus: 'Não nos é permitido condenar ninguém à morte'". Desse modo, o tribunal não podia, pela lei judaica, condená-lo, porém pediu ao dominador romano que o fizesse, por intermédio de Pilatos.

Os escribas – Esses profissionais eram os especialistas na Lei. Não eram numerosos como os sacerdotes e levitas. Os sacerdotes eram os administradores do Templo, apresentavam os sacrifícios e tinham sua parte nos cultos. Porém, era dos escribas que se exigia que se atualizasse a Lei em relação ao tempo e que explicasse os pontos obscuros aos leigos. Os escribas eram, desse modo, guias espirituais para o povo judeu, já que determinavam os caminhos doutrinários que deviam ser seguidos. Eram os sucessores dos profetas, cujo tempo já havia terminado para os judeus de então. Eles aguardavam a época do Messias, que seria o último dos profetas. Eram conselheiros do povo e por isso participam dos conselhos e tribunais locais, onde exibiam sua competência na interpretação da Lei. Os escribas eram admirados e seguidos pelos fariseus, já que eram os intérpretes da doutrina segura e da pureza do seguimento da Lei. Na época de Cristo, passaram a ser comuns os escribas fariseus. Jesus condenou os escribas e os fariseus várias vezes, como em Mateus, 23: 14-32:

Sete maldições contra os escribas e fariseus — *Ai de vós, escribas e fariseus, hipócritas, porque bloqueais o Reino dos Céus diante dos homens! Pois vós mesmos não entrais, nem deixais entrar os que querem fazê-lo! ["Ai de vós, escribas e fariseus, hipócritas! Vós devorais as casas das viúvas e, para disfarçar, fazeis longas orações. Por isso serão castigados mais severamente.] Ai de vós, escribas e fariseus, hipócritas, que percorreis o mar e a terra para fazer um prosélito, mas, quando conseguis conquistá-lo, vós o tornais duas vezes mais digno da geena do que vós! Ai de vós, condutores cegos, que dizeis: "Se alguém jurar pelo santuário, o seu juramento não o obriga, mas se jurar pelo ouro do santuário, o seu juramento o obriga". Insensatos e cegos! Que é maior, o ouro ou o santuário que santifica o ouro? Dizeis mais: "Se alguém jurar pelo altar, não é nada, mas se jurar pela oferta que está sobre o altar, fica obrigado". Cegos! Que é maior, a oferta ou o altar que santifica a oferta? Pois aquele que jura pelo altar, jura por ele e por tudo o que nele está. E aquele que jura pelo santuário, jura por ele e por aquele que nele habita. E, por fim, aquele que jura pelo céu, jura pelo trono de Deus e por aquele que nele está sentado. Ai de vós, escribas e fariseus, hipócritas, que pagais o dízimo da hortelã, do endro e do cominho, mas omitis as coisas mais importantes da lei: a justiça, a misericórdia e a fidelidade.*

Importava praticar estas coisas, mas sem omitir aquelas. Condutores cegos, que coais o mosquito e tragais o camelo! Ai de vós, escribas e fariseus, hipócritas, que limpais o exterior do copo e do prato, mas por dentro estais cheios de rapina e de intemperança!

Fariseu cego, limpa primeiro o interior do copo para que também o exterior fique limpo! Ai de vós, escribas e fariseus, hipócritas! Sois semelhantes a sepulcros caiados, que por fora parecem bonitos, mas por dentro estão cheios de ossos de mortos e de toda podridão. Assim também vós: por fora pareceis justos aos homens, mas por dentro estais cheios de hipocrisia e de iniquidade. Ai de vós, escribas e fariseus, hipócritas, que

> *edificais os túmulos dos profetas e enfeitais os sepulcros dos justos e dizeis: "Se estivéssemos vivos nos dias dos nossos pais, não teríamos sido cúmplices seus no derramar o sangue dos profetas". Com isso testificais, contra vós, que sois filhos daqueles que mataram os profetas. Completai, pois, a medida dos vossos pais!*

A profissão de escriba, pesquisador e mestre da Lei era uma possibilidade de promoção social em uma sociedade bastante fechada. Há histórias, como a de Hilel, que começa como mendigo e se torna doutor da lei; outros são mestiços, judeus não puros. Na época de Cristo, a existência de escribas fariseus era comum, por isso a condenação de Jesus é significativa: enquanto procuravam estender a todos o cumprimento das regras de pureza, antes reservadas ao exercício do sacerdócio, eles próprios não as cumpriam. Porém, essa pregação da purificação pelo estrito cumprimento das normas era, por outra parte, uma esperança para o povo sofrido: aqueles que cumprissem as regras ficavam mais próximos de Deus e de seu poder. Assim, podemos ver nas palavras de Jesus uma crítica ao apego irrestrito a leis sem sentido, vãs no sentido de que não aproximam a vida do crente de Deus. Pode-se creditar a esses profissionais da Lei um movimento dentro da igreja judaica de afastamento entre o povo e o Templo e seus sacerdotes. Essa mudança desembocou, após a destruição do Templo em 70 d.C., na transição para o chamado *rabinismo*, que prega uma relação mais pessoal e interior com Deus e a vida em conformidade com a fé, em detrimento ao respeito aos cultos e ao templo. Assim, os escribas passaram com naturalidade a chefes do povo eleito, em lugar dos sacerdotes e levitas.

Devemos ter em conta, também, que, para se tornar um mestre da Lei, havia necessidade de muitos estudos, que eram longos e por vezes reservados a poucos estudantes. Havia necessidade também de **juízo reto** e reconhecido pelos outros, capacidade de julgamento e de ação conforme os preceitos da Lei. No século II d.C., sabe-se que havia necessidade de ordenação para os escribas, a qual era conferida apenas aos 40 anos. O papel se tornou visível socialmente: o doutor da Lei usava uma veste especial, sinal de sua dignidade, dirigia as assembleias da comunidade e era reverenciado por todos. Exigia-se gratuidade na oferta dos ensinamentos de Deus, pois Ele os dera gratuitamente a todos. Porém, como ele exercia profissão, recebia honorários relativos a sua profissão durante o tempo em que prestava serviço.

2.4 Situação religiosa

A dedicação à religião, para os antigos judeus, era parte integrante e essencial na vida da comunidade. O Templo era local de culto, sacrifício, purificação, mas também influenciava na vida cotidiana de todos, tanto pela dependência legal, já que a Lei era obrigatória a todo o povo, quanto pela necessidade de convivência, visto que era o centro da comunidade, onde se faziam os negócios e onde se encontravam as pessoas para conversar, comerciar e decidir questões judiciais. Ali se reunia o sinédrio, eram feitos os sacrifícios, eram armazenadas e negociadas as riquezas da comunidade e cobrados os impostos, mas acima de tudo era o local em que as pessoas se encontravam e rendiam homenagens a seu Deus. As mulheres e os estrangeiros (não circuncidados) não podiam entrar na parte interna do Templo. O Templo de Jerusalém era uma construção muito grande, mesmo para os dias de hoje.

O Templo, na época de Jesus, havia sido construído por Herodes, o Grande, já pela terceira vez (o primeiro tinha sido Salomão e o segundo Zorobabel). Dizem textos da época (de Flávio Josefo, historiador romano-judeu, nas *Antiguidades judaicas*) que o Templo tinha sido construído no cimo de um monte, o Moriá, nivelado em um quadrado de 500 côvados (223 m) de lado, todo cercado de colunatas nas beiradas. No lado leste, a colunata de Salomão, com três fileiras de colunas de mármore. No norte e oeste, também havia colunatas, porém a maior estava ao sul, com quatro fileiras de colunas e três corredores entre elas, num total de 162 colunas, tão largas que três homens de braços estendidos não podiam abraçá-las e muito mais elevadas que as outras colunatas. Oito portões davam acesso à área do Templo, quatro ao oeste, dois ao sul e um de cada lado restante. Dentro dessas colunatas, o primeiro pátio era o dos gentios, pois ali se permitiam estrangeiros. Foi dali que Cristo expulsou os vendilhões, episódio citado em três Evangelhos (Mateus, 21: 12-13; Marcos, 11: 15-18; João, 2: 13-17). Passando o pátio dos gentios, encontrava-se um muro de três côvados de altura (1,30 m), com aberturas que passavam para o próximo pátio. A cada pátio mais interior, aumentava a santidade do local. Passava-se então ao pátio das mulheres, que era local para as rezas e adoração das esposas e filhas. Havia cofres para as ofertas, nos quais Jesus elogiou uma viúva que doou tudo o que tinha (Lucas, 21: 1-4). Dentro desse pátio, quinze grandes degraus em semicírculo levavam ao pátio de Israel, cujo acesso era dado apenas aos homens purificados. Acima deste, o pátio dos sacerdotes, no qual se encontrava o altar, feito de pedras não lavradas. Era um quadrado de 32 côvados (14,20 m) de lado. Sobre ele eram feitos os sacrifícios pelos sacerdotes do Templo. Havia alguns prédios ao redor desse pátio e no meio o prédio do Templo. Este consistia em dois compartimentos: o Santo e o Santíssimo, aos quais somente o sumo sacerdote tinha acesso. O piso desse prédio ficava 12 degraus acima do pátio dos sacerdotes. O Santo tinha no interior 40 côvados (17,80 m) de comprimento e 20 côvados (8,90 m) de largura.

Dentro do Santo, o candelabro (menorá), a mesa dos pães e o altar do incenso, tudo era em ouro. A divisória entre o Santo e o Santíssimo era uma cortina grossa, ornamentada. Essa foi a cortina que se rasgou no momento da morte de Jesus, em Mateus, 28: 51: "Nisso, o véu do Santuário se rasgou em duas partes, de cima a baixo, a terra tremeu e as rochas se fenderam". O Santíssimo era um quadrado de 20 côvados (8,90 m) de lado.

Dentro desse edifício de proporções majestosas circulava a vida judaica da capital. Porém, também os judeus de outras cidades e das outras províncias participavam da vida religiosa e mesmo do Templo. Ao menos nas épocas de festas religiosas, era grande a acorrida à capital e o debate entre os doutores da Lei. Da vida religiosa participavam grupos que eram como partidos políticos. É desses grupos de filosofias diversas que trataremos no tópico seguinte.

2.4.1 O judaísmo no século I

A vida judaica, como já dissemos, era rica e plural, e várias ideias diferentes povoavam a mente do povo na época de Cristo. Tratamos das revoltas, das autoridades religiosas e políticas, porém é interessante sabermos como ocorriam a divisão e o debate das diferentes filosofias dentro da sociedade daquela época, para vermos como o Filho de Deus enfrentou aquela época tão complexa e difícil.

Flávio Josefo (1995, p. 586-592), em seu livro *História dos hebreus*, divide o debate entre três seitas, que ele mesmo denomina **fariseus**, **saduceus** e **essênios**. Depois, acrescenta uma quarta seita: a dos **zelotes**.

O historiador descreve de maneira sucinta as seitas neste parágrafo:

> *Havia então entre nós três seitas, divergentes nas questões relativas às ações humanas. A primeira era a dos fariseus; a segunda, a dos saduceus; a terceira, a dos essênios. Os fariseus atribuem certas coisas ao destino, porém nem todas, e creem que as outras dependem de nossa liberdade, de sorte que podemos realizá-las ou não. Os essênios afirmam que tudo geralmente depende do destino e que nada nos acontece que ele não determine. Os saduceus, ao contrário, negam absolutamente o poder do destino, dizendo que ele é uma quimera e que as nossas ações dependem tão absolutamente de nós que somos os únicos autores de todos os bens e males que nos acontecem, conforme seguimos um bom ou um mau conselho. Mas tratei particularmente dessa matéria no segundo livro das Guerras dos judeus.* (Josefo, 2004, p. 590)

Vemos que Josefo restringe sua análise das seitas não a sua posição ideológica ou a seu comportamento em relação ao dominador, mas a questões de doutrina e crença em relação ao destino. Em nossa visão contemporânea, ressaltaremos os aspectos de reação ou revolta em relação ao dominador romano e o comportamento das seitas dentro da sociedade judaica.

Os fariseus

Fariseu era o nome de um grupo de judeus muito devotos e dedicados a viver segundo a *Torá* (o nome em hebraico para o conjunto dos cinco primeiros livros da Bíblia, a que nós, cristãos, damos o nome de Pentateuco, do grego, "os cinco rolos"). Esse grupo se formava desde o século II a.C. e pregava que o homem comum, não apenas o sacerdote ou o levita, devia seguir os preceitos indicados por Deus na sua Lei, em seus mínimos detalhes. Fariseu provavelmente deriva do hebraico *perushim* (separados), aqueles que se separam ou se afastam para estudar e seguir a Lei da Torá. Distinguiam-se principalmente no cumprimento dos atos rituais a respeito de alimentação e de purificação, como o ato de lavar as mãos até o cotovelo. Quando Jesus não fez isso, foi repreendido, e então respondeu ao fariseu. Como essas atitudes farisaicas eram apenas superficiais, exteriores, sem profundidade religiosa, como citado em Mateus, 23: 25-28, conforme mostramos anteriormente. Aí, Jesus os chama de *sepulcros caiados*, brancos por fora, mas cheios de ossos e podridão por dentro. Era uma seita que ganhava reputação entre o povo, principalmente por aparentar santidade em seus mínimos atos e ritos.

Quando o Estado judaico e o Templo foram destruídos após 70 d.C., os fariseus com sua doutrina dominaram o povo judaico e se tornaram os únicos doutores da Lei superveniente, sendo únicos autores do Talmud, que inclui a doutrina derivada das discussões sobre a Lei e os costumes da tradição. Sua teoria incluía uma observância aos preceitos da Lei escrita e também à lei oral, que, segundo eles, havia sido entregue a Moisés, e teria a mesma autoridade daquela. Ao observar essas leis, o homem não apenas se justificava com Deus, mas também ganhava capacidade de realizar obras de mérito. Incluíam em seu repertório de sacrifícios para expiar os pecados: jejum, esmolas, abluções e confissões.

Acreditavam na imortalidade da alma e viviam em função de recompensas futuras, criam na predestinação, em anjos bons e maus. Imaginavam seu paraíso futuro, após a morte, como um lugar de prazeres e banquetes, em que cada homem viveria com sua primeira mulher. Diferenciavam também suas vestes, fazendo filactérios (pequenas caixinhas com pedaços de rolo de pergaminho com passagens da Torá, que amarravam na testa e no braço esquerdo) maiores que os outros judeus, alargando as bordas e as franjas das roupas, para se fazerem notar, assim como cobriam a cabeça quando estavam em cumprimento de votos. Eram rivais políticos dos saduceus e se opunham à romanização que ocorria no país. Nos Evangelhos, os fariseus são retratados como oponentes de Jesus e partícipes do conluio, com os herodianos, que o levou à morte (citado em Marcos, 3: 6: "Ao se retirarem, os fariseus com os herodianos imediatamente conspiraram contra Ele sobre como o destruiriam").

Os fariseus compunham, certamente, a seita mais citada nos Evangelhos e em relação à qual Jesus Cristo mais estabeleceu sua posição contrária. Há passagens, como no Evangelho de Lucas, em que Jesus, por meio de uma de suas muitas parábolas, compara as atitudes dos fariseus à dos publicanos (cobradores de impostos para Roma):

> **O fariseu e o publicano** — *Contou ainda esta parábola para alguns que, convencidos de serem justos, desprezavam os outros: "Dois homens subiram ao Templo para orar; um era fariseu e o outro publicano. O fariseu, de pé, orava interiormente deste modo: 'Ó Deus, eu te dou graças porque não sou como o resto dos homens, ladrões, injustos, adúlteros, nem como este publicano; jejuo duas vezes por semana, pago o dízimo de todos os meus rendimentos'. O publicano, mantendo-se à distância, não ousava sequer levantar os olhos para o céu, mas batia no peito dizendo: 'Meu Deus, tem piedade de mim, pecador!' Eu vos digo que este último desceu para casa justificado, o outro não. Pois todo o que se exalta será humilhado, e quem se humilha será exaltado"* (Lucas, 18: 9-14)

Em outra passagem, já em Atos dos Apóstolos, um fariseu, chamado Gamaliel, tentou chamar os judeus à razão, para que não punissem em demasia aos apóstolos de Jesus: "'Agora, portanto, digo-vos, deixai de ocupar-vos com estes homens. Soltai-os. Pois, se o seu intento ou sua obra provém dos homens, destruir-se-á por si mesma; se vem de Deus, porém, não podereis destruí-los. E não aconteça que vos encontreis movendo guerra a Deus'. Concordaram, então, com ele" (Atos, 5: 38-39). Esse mesmo fariseu, Gamaliel, é elogiado por Paulo em seu discurso aos judeus de Jerusalém: "Eu sou judeu. Nasci em Tarso, da Cilícia, mas criei-me nesta cidade, educado aos pés de Gamaliel na observância exata da Lei de nossos pais, cheio de zelo por Deus, como vós todos no dia de hoje" (Atos, 22: 3). Vemos aí uma tolerância maior em relação às atitudes dos fariseus, que passaram a ser mais tolerados após a morte de Jesus, principalmente porque eles compreenderam melhor a obra dos apóstolos dentro da Palestina.

Os saduceus

O nome *saduceu* para essa seita deriva do nome de Sadoc, antigo sacerdote de Qumrã (cidade antiga, localizada na atual Cisjordânia), tendo ela florescido desde o século II a.C. até a queda de Jerusalém, em 70 d.C. O grupo saduceu era sacerdotal (no sentido de ser ligado aos levitas) e aristocrático (ligado aos anciãos e grandes proprietários), tomando para si a linha tradicional: "Ele me disse: 'Esta câmara, que faz face para o sul, é reservada aos sacerdotes que fazem o serviço do templo, enquanto a câmara que faz face para o norte pertence aos sacerdotes que fazem o serviço do altar. São eles os filhos de Sadoc, os quais, dentre os filhos de Levi, se aproximam de Iahweh, para o servirem'" (Ezequiel, 40: 45-46). Eram, portanto, descendentes dos sacerdotes da época dos macabeus (de Matatias Macabeu, que reinaram na Palestina entre 142 a.C. e 63 a.C.), abertos ao helenismo. Sua importância na vida política dos judeus era grande porque eles sempre estavam presentes no sinédrio, em grande número, e também nas indicações dos sumos sacerdotes.

Os saduceus se mostraram como grupo organizado principalmente no tempo de João Hircano (135 a.C.-104 a.C.). Eles gradualmente se renderam à influência helenística, pois negociaram com os dominadores para não destinar todo o povo ao extermínio. Assim, os sacerdotes saduceus foram assumindo cada vez mais uma postura aristocrática de luxo e gostos refinados, como vestes enfeitadas e acessórios extravagantes. Doutrinariamente, os saduceus diferiam dos fariseus, pois pregavam respeito rígido à Lei escrita, apenas à Torá, porém sem apegar-se às minúcias de comportamento público que os fariseus defendiam. Também não acreditavam em ressurreição ou vida após a morte, defendendo o perecimento da alma junto com o corpo. Vejamos esta passagem, em Mateus, 22: 23-24, em que os saduceus são citados: "Naquele dia, aproximaram-se dele alguns saduceus, que dizem não existir ressurreição, e o interrogaram: 'Mestre, Moisés disse: Se alguém morrer sem ter filhos, o seu irmão se casará com a viúva e suscitará descendência para o seu irmão'. Os saduceus não achavam que Deus interviesse em qualquer ato da vida quotidiana e negavam até mesmo o mundo espiritual, ou seja, a existência de anjos ou demônios, como em Atos, 23: 8: "Pois os saduceus dizem que não há ressurreição, nem anjo nem espírito, enquanto os fariseus sustentam uma e outra coisa".

Dessa maneira, a visão que temos sobre essa seita é de que tratavam mais da política, de equilibrar os interesses dos romanos com os desejos dos judeus na região. Essa seita terminou no momento da destruição de Jerusalém pelos romanos, já que não havia mais a possibilidade de conciliação entre os dois povos.

Os essênios

A Bíblia, em si, não fala nada sobre essa seita, e a própria existência do grupo dos essênios foi controversa durante muito tempo. Embora haja citação ao grupo na obra de Flávio Josefo, como no momento em que ele compara as crenças dos grupos ou seitas judaicas da época: "Os essênios afirmam que tudo geralmente depende do destino e que nada nos acontece que ele não determine". Então, o historiador diferencia-os pela crença no destino; depois, no tratamento diferenciado que Herodes dispensava a uma e outra seita dentre os judeus: "[Herodes] dispensou também do juramento os que nós chamamos essênios, cujos sentimentos são semelhantes aos dos filósofos e aos quais os gregos chamam pitagóricos, como já dissemos alhures. Sobre isso, creio não me afastar do assunto de minha história se disser a razão que levou Herodes a ter deles uma opinião tão favorável"; e após, ao comentar sua vida de retirados no deserto: "No entanto, julguei dever relatá-lo, porque há vários dessa seita aos quais Deus se digna revelar os seus segredos, por causa da santidade de sua vida".

A mais clara visão de seus contemporâneos sobre a seita essênia é a descrição mais longa de Flávio Josefo:

> *Os essênios, a terceira seita, atribuem e entregam todas as coisas, sem exceção, à providência de Deus. Creem que as almas são imortais, acham que se deve fazer todo o possível para praticar a justiça e se contentam em enviar as suas ofertas ao Templo, sem oferecer lá os sacrifícios, porque o fazem em particular, com cerimônias ainda maiores. Os seus costumes são irrepreensíveis, e a sua única ocupação é cultivar a terra. Sua virtude é tão admirável que supera em muito a dos gregos e de outras nações, porque eles fazem disso todo o seu empenho e preocupação e a ela se aplicam continuamente. Possuem todos os bens em comum, sem que os ricos tenham maior parte que os pobres. O seu número é superior a quatro mil. Não têm mulheres nem criados, porque estão convencidos de que as mulheres não contribuem para o descanso da vida. Quanto aos criados, consideram uma ofensa à natureza, que fez todos os homens iguais, querer sujeitá-los. Assim, eles se servem uns dos outros e escolhem homens de bem da ordem dos sacerdotes, que recebem tudo o que eles recolhem de seu trabalho e têm o cuidado de fornecer alimento a todos. Essa maneira de viver é quase igual à dos que chamamos plistes e vivem entre os dácios.*

Judas, de quem acabamos de falar, foi o fundador da quarta seita. Está em tudo de acordo com a dos fariseus, exceto que aqueles que fazem profissão para adotá-la afirmam que há um só Deus, ao qual se deve reconhecer por Senhor e Rei. Eles têm um amor tão ardente pela liberdade que não há tormentos que não sofram ou que não deixem sofrer as pessoas mais caras antes de atribuir a quem quer que seja o nome de senhor e mestre. A esse respeito não me delongarei mais, porque é coisa conhecida de tantas pessoas que, em vez de temer que não se preste fé ao que digo, tenho somente o receio de não poder expressar até que ponto vai a sua incrível paciência e o seu desprezo pela dor. Mas essa invencível firmeza aumentou ainda pela maneira ultrajosa como Géssio Floro, governador da Judeia, tratou a nossa nação e a levou por fim a se revoltar contra os romanos. (Josefo, 2004, p. 831)

O grupo essênio foi bastante estudado, principalmente após a descoberta dos manuscritos do Mar Morto, em 1948. A seita essênia se havia desligado da principal corrente do judaísmo, a saduceia, quando Jônatas e Simeon, considerados traidores da verdadeira crença, aceitaram a incumbência do sacerdócio mesmo sem serem da família designada pela tradição e se tornaram sumos sacerdotes. Então, vários líderes se retiraram para o deserto, para viverem de acordo com o que acreditavam correto. Por isso, os essênios se exilavam no deserto: para se livrar da contaminação do contato com outras pessoas, e essa mesma crença na pureza ritual do isolamento os impedia de realizar comércio ou aceitar presentes dos outros. Era uma comunidade eremita, rompida com o culto oficial do Templo e que via a si mesma como um templo imaterial, que substitui o de Jerusalém enquanto lá governar um culto que considera indigno. Alguns teóricos filiam algumas crenças de João Batista, como o batismo na água, a pregação pelo arrependimento e a expiação dos pecados ao grupo essênio, fazendo crer, por vezes que o precursor de Cristo tivesse vivido em meio a essa seita. Na verdade, são argumentos superficiais, visto que havia outros grupos que praticavam o batismo e mesmo outros eremitas não essênios no deserto. Embora algumas de suas crenças e mesmo as de Jesus Cristo, manifestas depois, possam ser colocadas em paralelo às dos essênios, ainda assim divergiam, por exemplo, nas restrições alimentares judaicas, que eram praticadas com afinco pelos essênios, praticamente sem valor para Cristo, ou mesmo o eremitério voluntário para purificação, que era absolutamente contrário à pregação de Nosso Senhor, por amor entre os homens e divulgação do Reino pelo mundo todo, como quando afirma "Ide por todo o mundo, proclamai o Evangelho a toda criatura" (Marcos, 16: 15). Desse modo, não é possível tentar estabelecer paralelos entre os ensinamentos de Cristo e os dos essênios, pois a mensagem de Jesus é totalmente nova, sem paralelo anterior e certamente não é isolacionista, nem distingue pessoas escolhidas por bandeiras religiosas.

Mais algumas das crenças próprias dos essênios que os diferenciavam de cristãos, saduceus e fariseus são relatadas aqui:

> *Também certos pontos de sua vida não são claros: por muito tempo se pensou que eles não se casavam, mas encontrou-se um tratado do matrimônio e túmulos de mulheres. Viviam todos em Qumrã ou em comunidades fechadas ou igualmente "no mundo"?*

> *O que é certo em todo caso é seu apego, ainda mais escrupuloso que o dos fariseus, às regras de pureza e seu tradicionalismo absoluto em certos pontos: assim é que recusaram o calendário selêucida para voltar ao antigo (o que explica que não celebravam a páscoa na mesma data que o judaísmo oficial). Para serem puros, tomam diversos banhos por dia e, sobretudo, renunciam a ir ao templo, por demais manchado na sua opinião, depois que se alterou o calendário e que os sumos sacerdotes*

não são mais sadoquitas. Preferem substituir os holocaustos pela santidade da sua vida, aguardando que Deus queira restabelecer o culto e o Templo na sua pureza original.

Consideram-se como o exército santo de Deus, que deverá combater na terra e aniquilar todos os ímpios no momento em que Deus lhes der o sinal; nesse momento, os anjos do céu também combaterão contra os demônios, num combate escatológico que garantirá a vitória final de Deus, o aniquilamento de todos os ímpios e o triunfo dos santos. Querem estar sempre ritualmente prontos para essa guerra santa, mas, ao contrário dos zelotas, recusam-se a iniciá-la enquanto Deus não lhes der o sinal. (Saulnier; Rolland, 1983, p. 57-58)

Aos essênios, não encontramos menção no Novo Testamento provavelmente porque eram um grupo separado, que vivia no deserto e, possivelmente, haja entre os primeiros cristãos alguns essênios. Portanto, não eram para os evangelistas e escritores do Novo Testamento um grupo político, como o eram os saduceus, os herodianos ou os fariseus, mas uma seita que se isolara no deserto, que não fazia mais parte do cotidiano dos judeus de então.

Os zelotes

A seita dos zelotes não era considerada um partido político, como as outras que encontravam assento no sinédrio e comandavam partes da vida em sociedade. O historiador Flávio Josefo só os denomina por esse nome depois da insurreição judaica de 66 d.C., a parte da Guerra Judaica que desemboca na destruição de Jerusalém e do Templo em 70 d.C. Antes desse fato, os trata como "bandidos ou salteadores". O fato é que eles já existiam como partido ou "seita" desde a revolta de Judas, o Galileu, em 6 d.C. O termo *zelote*, derivado de *zelo*, indica a devoção fervorosa que esse grupo tinha pela Palavra de Deus, acreditando que até mesmo a morte podia ser usada para defender a Palavra. Por isso, eram considerados radicais e até perigosos.

No Evangelho, Jesus convidou um zelote para ser seu apóstolo. Simão era conhecido como *o zelote* em Marcos, 2: 4: "Simão, o Zelote, e Judas Iscariotes, que o traiu". Depois, novamente em Marcos, 3: 18, esse discípulo é assim citado, e mesmo Paulo se refere a si mesmo, em Gálatas, 1: 13-14, como um zelote religioso: "Ouvistes certamente da minha conduta de outrora no judaísmo, de como perseguia sobremaneira e devastava a Igreja de Deus e como progredia no judaísmo mais do que muitos compatriotas da minha idade, distinguindo-me no zelo pelas tradições paternas". Podemos ver como Paulo se dizia contrário à Igreja de Deus quando seguia essa seita.

Porém, podemos também notar que já tinha havido, em outras histórias bíblicas do Antigo Testamento, a menção a personagens zelosas por Deus. Algumas personagens são citadas frequentemente: Fineias (Números, 25: 6-13), que atravessa um casal com uma lança por considerá-lo culpado por uma praga que se desencadeou no povo. Também o são Simeão e Levi, filhos de Jacó, mataram um povoado inteiro apenas porque um dos rapazes de lá havia desonrado sua irmã (Gênesis, 34). Aparece também Jeú, rei dos judeus, que fez cumprir todas as profecias contra a família de Acabe, especialmente contra a rainha Jezebel (II Reis, 9). Há, ainda, a história de Matatias, o Macabeu, que desencadeia a Guerra dos Macabeus contra os selêucidas (nos livros de Macabeus, ausentes do cânone bíblico, porém comentados por Josefo, 2004).

Na época mais próxima a Cristo, os zelotes já não procuram seus adversários entre os judeus apóstatas, pois os dominadores eram inimigos mais visíveis. Essa seita foi responsável por várias rebeliões contra o Império Romano, sendo que a maior delas resultou na destruição de Jerusalém em 70 d.C. Dizem Saulnier e Rolland sobre os zelotes:

Tanto no plano das ações concretas como no das motivações profundas, é certamente o mesmo movimento durante todos os séculos: tais pessoas são extremamente exigentes quanto à santidade do Templo e ao respeito pela Lei e por isso, estão certas de que Deus está do lado delas; com efeito, o Senhor deu uma terra a Israel, mas, em contrapartida, ele não tolera, nesta terra santa, transgressão alguma, venha ela dos judeus ou dos não judeus.

Os judeus podem ser infiéis no plano religioso; neste caso, os zelotas intervêm, com a bênção dos sacerdotes, para o linchamento imediato (a morte de Estêvão poderia ser um exemplo disso, [Atos, 6: 12]). Eles podem ser infiéis também no plano político, buscando alianças com o ocupante, o romano, em vez de confiar em Deus somente. Também nesse caso os zelotas reagem, para grande desagrado de Josefo.

Os não judeus, sobretudo os ocupantes, devem ser eliminados, sobretudo se se dão demais a seu domínio sobre o país (pelo recenseamento) ou se eles zombam das instituições religiosas: é um ato de despudor de um soldado romano e a destruição pelo fogo de um rolo da Lei por outro que, por volta dos anos 50 d.C., provocam as confusões que não terminarão até a guerra. A última provocação será o saque do Templo pelo procurador Floro. [...]

Religiosamente, os zelotas têm uma confiança absoluta em Deus e nas instituições queridas por ele: o Templo e a Lei. Estão convencidos de que, por suas ações de "extermínio dos ímpios", apressam a vinda do seu reino, do seu Messias; Deus é o único senhor, mas ele não age sozinho e tem necessidade dos homens: quanto mais alguém for zeloso por ele, inclusive no plano político e temporal, melhor será! (Saulnier; Rolland, 1983, p. 55)

Desse modo, os zelotes se constituem como uma facção de guerra contra o dominador. Acabam por desencadear dentro de sua terra a maior destruição que já havia sofrido, da cidade e do Templo, tendo como consequência a mudança de costumes religiosos entre os judeus, com o fim dos sacrifícios e a ausência do Templo como local de peregrinação e culto.

Outros grupos importantes

Os herodianos – Herodes, o Grande, depois seus filhos e netos, dinastas da Judeia e depois da Galileia, constituíram um grupo de partidários e amigos que conviviam dentro das duas sociedades: judaica e romana, desfrutando das benesses de uma e outra. O grupo dos partidários de Herodes é citado em Marcos, 3: 6, como participante do complô que iria levar Cristo ao julgamento e à cruz: "Ao se retirarem, os fariseus com os herodianos imediatamente conspiraram contra ele sobre como o destruiriam". Depois, novamente, em Marcos, 12: 13: "Enviaram-lhe, então, alguns dos fariseus e dos herodianos para enredá-lo com alguma palavra". Não podemos saber, apenas pela leitura da Bíblia, se aí se trata da guarda de Herodes ou de partidários seus, que participaram do conluio para matar Cristo.

Os samaritanos – Este grupo era de judeus que, durante o cativeiro, haviam permanecido na Palestina e se misturado aos gentios, imigrantes na região da Samaria. Os judeus não os consideravam verdadeiros israelitas, e é significativa a menção ao *bom samaritano* na parábola de Jesus (Lucas, 10: 29-37), em que o Mestre demonstra que a bondade do homem não provinha do local de seu nascimento (Judeia ou Samaria) ou da seita que praticava (fariseu ou saduceu, sacerdote ou levita), porém de sua obra, da sua ação no mundo e da misericórdia com aquele que sofre. Os samaritanos foram excluídos da segunda construção do Templo, por Zorobabel, e assim levantaram outro para eles em Garizim. Suas crenças eram no Deus único e no Messias do Senhor, o que os dispôs favoravelmente ao cristianismo desde o princípio.

Os movimentos batistas (seitas populares que mantinham as práticas de batismo de João Batista) – Houve vários movimentos populares no século I d.C. de pessoas que acreditavam que, por meio do batismo de imersão, rito de purificação total de um crente para o perdão dos pecados, era possível propor a todas as pessoas, sem exceção, a conversão e a salvação. O grupo de João Batista era assim, e sobrevive bastante tempo, mesmo após a morte de João, e o grupo de Cristo, que também batiza e se distingue após sua morte e ressurreição.

No início do seu ministério, a pregação de Jesus era vista como mais uma nova mensagem e, no caso, se apresentava como uma mensagem revolucionária. Jesus colocava o ser humano acima da Lei e não levava em conta o rigor da Lei em detrimento do indivíduo. A mensagem de Jesus destacava o amor, amar ao próximo como a si mesmo, esse era o teor principal de sua mensagem, cumpria a Lei, mas o amor deveria prevalecer sempre. A mensagem de Cristo mostrou-se recolucionária a ponto de formar uma nova religião. Jesus afirmou o homem como centro de sua visão religiosa, sem enfatizar questões superficiais, sejam elas de asseio corporal ou de dietas alimentares, sejam elas de país de origem ou classe a ser salva. Dessa maneira, Jesus afirma que só o homem renovado pode iniciar a mudança em seu coração, para justificar seu sacrifício para restaurar sua fé.

Em suma, a Palestina na época de Jesus era um complexo de religiões e uma mistura de povos, que, apesar da força religiosa e o posicionamento militante do povo judeu, não conseguiram superar o domínio dos romanos. O judaísmo resistiu à influência helenística da cultura romana; nesse caleidoscópio religioso, o cristianismo vai se consolidando como uma religião muito forte. Assim, vemos a Palestina no século I d.C. como um mosaico de povos e costumes, entremeados. Sob o jugo de Roma, os judeus se revoltaram em todas as camadas da população, o que resultou em uma guerra perdida e em destruição para o povo e sua religião. No final do século I, com a destruição advinda da Guerra Judaica e o fim das seitas judaicas, do cerne do judaísmo nasceu uma nova religião autônoma, o cristianismo, e o próprio judaísmo entrou em um processo de cristalização farisaica, em que esta seita passou a dominar a produção doutrinária e a vida cotidiana do povo.

Síntese

Neste capítulo, pudemos ver o clima de ebulição em que se vivia na Palestina do século I d.C., quando Jesus desenvolveu seu ministério. Dentro desse contexto, vimos a situação econômica e política da região. Construímos uma visão ampla de como era a economia, a vida cotidiana e a vida religiosa dos judeus sob o domínio dos romanos, bem como o encaixe da sociedade judaica dentro do Império Romano. Vimos como eram os partidos religiosos e suas doutrinas, que se desenvolviam em complexas relações no país. Assim, pudemos ter um bom panorama sobre a vida na Palestina, até a destruição de Jerusalém, em 70 d.C.

A importância de se entender esse contexto é a possibilidade de entender como a igreja está nele inserida, quais são as perguntas que devem ser feitas em relação a sua cidade, seu bairro, sua gente e as ações evangelísticas que podem ser desenvolvidas a seu redor.

É preciso entender que sua participação na vida do seu bairro deve ser relevante e transformadora. Jesus é o nosso modelo, pelo trabalho e ministério de Jesus apendemos algumas pistas importantes para o trabalho de evangelização na cidade.

Atividades de autoavaliação

1. Nos principais momentos de sua fundação, a igreja de Cristo é inovadora, porque:
   a) propõe, desde a teorização paulina, um Deus único para todos os povos, em contraposição aos deuses de um só povo ou múltiplos deuses, regionais, locais ou impostos pelos reis.
   b) propõe que cada cidade seja livre para cultuar seus deuses, junto com o deus principal de sua cultura.
   c) impõe a ideia de que os reis são representantes de Deus na Terra e que cada povo usasse o seu rei como objeto de culto.
   d) deixa que cada povo siga seus deuses, que sejam locais e reservados para culto em um templo único, sem igrejas em cada povoado.

2. A Palestina pode ser compreendida na época de Cristo como:
   a) a extensa faixa de terra entre os Oceanos Índico e Pacífico, com aproximadamente 10 milhões de quilômetros quadrados e sem terras agricultáveis.
   b) a faixa de terra, não muito extensa, situada entre o norte da África e o leste da Ásia (também chamado de *Oriente Próximo*), com não mais de 34 mil quilômetros quadrados e população total de 65 mil pessoas.

c) a antiga denominação do estado brasileiro do Espírito Santo, antes de sua conversão à Igreja Católica.
   d) uma grande faixa de terra que se estende do norte da África até a Macedônia, no continente europeu, em que circulavam os comerciantes na chamada *Rota da Seda*.

3. O Império Romano tinha interesse na região da Palestina:
   a) desde a primeira dinastia dos faraós egípcios, quando se passou a história de José.
   b) apenas para fazê-la parte de seus domínios, sem cobrança de impostos e sem interferência nenhuma em seu assuntos.
   c) Para fazer frente ao general Ciro, dos persas, quando este se interessou pela Península Ibérica.
   d) Desde, pelo menos, a metade do século II a.C. Seu domínio era de exercício de poder efetivo, com certa autonomia ao povo conquistado, porém com cobrança de vários impostos.

4. As principais seitas do judaísmo, que dominavam os debates na época de Jesus eram:
   a) Fariseus, saduceus, essênios, zelotes e herodianos.
   b) Lágidas, selêucidas, antigônidas e atálidas.
   c) Escribas, batistas e zoroastristas.
   d) Edomitas, levitas, benjaminitas e cananeus.

5. Sobre as seitas do judaísmo, a relação correta é:
   a) O termo *fariseus* é derivado da palavra *separados*. Essa seita tinha hábitos estritamente dentro da Lei mosaica e acreditavam na imortalidade da alma. Jesus os chama de *sepulcros caiados*.
   b) Os saduceus eram o grupo mais antigo, responsáveis pela destruição do Templo e não participavam das decisões no sinédrio.

c) Os essênios nunca foram um grupo separado do Templo. Habitavam Jerusalém e participavam dos cultos junto com os fariseus. Foram eles que escreveram a Torá.

d) Os zelotes são os da tribo de Levi. Jesus não escolheu nenhum zelote como discípulo, pois os achava falsos como sepulcros caiados, cheios de ossos e podridão.

Atividades de aprendizagem

Questões para reflexão

1. Onde sua igreja está localizada?

2. Quais são os principais grupos influentes no seu bairro?

3. Existe violência no seu bairro? Quais são os motivos?

4. Pensando na capacidade de influenciar, como você deve agir no seu bairro?

5. Sua igreja e bem conhecida no seu bairro?

6. Os moradores de seu bairro participam das ações da igreja?

Atividade aplicada: prática

Sua igreja já desenvolveu alguma ação de impacto no seu bairro? (Exemplos: Na rua da cidadania, em praças, locais públicos; ações com as famílias, visitas de casa em casa, distribuição de folhetos para todas as residências do bairro). Relate como foi a ação e relacione à questão religiosa.

capítulo três

O ministério do apóstolo Paulo[1]

[1] Todas as passagens bíblicas indicadas neste capítulo são citações de Bíblia (2002).

03

Neste capítulo, nosso ponto de referência será o ministério do apóstolo Paulo. Estudaremos seu método de trabalho, sua peregrinação, as implicações de suas estratégias e os motivos que o levaram a um trabalho sério e engajado para a pregação do Evangelho de Jesus Cristo.

Abordaremos a importância de se investir na liderança dentro da comunidade: novos líderes devem surgir, os líderes atuais devem ser capacitados e os antigos precisam se atualizar. Como descobrir novos líderes? Não ocorre evangelização na cidade sem o apoio e trabalho de uma liderança comprometida.

3.1 O ministério do apóstolo Paulo

Paulo é o nome grego adotado por Saulo de Tarso (5 d.C.-67 d.C.), após sua conversão ao cristianismo. O apóstolo nasceu em Tarso, cidade situada na Ásia Menor, no território que hoje corresponde à Turquia, região da província romana da Cilícia, na foz do rio chamado na época de Tarso. Era cidadão romano e judeu circuncidado, da tribo de Benjamin, pois seus pais tinham o privilégio de ser judeus e cidadãos romanos. Como filho de um fariseu, estudou na sinagoga, como citado em seu discurso reproduzido em Atos, 22: 3: "Eu sou judeu. Nasci em Tarso, da Cilícia, mas criei-me nesta cidade, educado aos pés de Gamaliel na observância exata da Lei de nossos pais, cheio de zelo por Deus, como vós todos no dia de hoje". Também se sabe que Tarso era o centro de uma escola estoica famosa e que Gamaliel era um grande pensador, não apresentando o espírito beligerante dos fariseus de Jerusalém. Podemos ver por esses detalhes que o jovem Saulo estava sendo preparado para uma posição de destaque na sociedade judaica.

Em 29 d.C., teria realizado sua primeira viagem a Jerusalém, com objetivo de conhecer o país de seus ancestrais e estudar a religião. Nessa época, era muito ligado à Lei e ao Templo, por sua origem farisaica. Na capital, conta o livro de Atos que ele teria participado do apedrejamento de Estêvão, um dos líderes dos cristãos na cidade após a morte de Jesus. Esse acontecimento é narrado assim:

Apedrejamento de Estêvão. Saulo perseguidor. — *Estêvão, porém, repleto do Espírito Santo, fitou os olhos no céu e viu a glória de Deus, e Jesus, de pé, à direita de Deus. E disse: "Eu vejo os céus abertos, e o Filho*

> *do Homem, de pé, à direita de Deus". Eles, porém, dando grandes gritos, taparam os ouvidos e precipitaram-se à uma sobre ele. E, arrastando-o para fora da cidade, começaram a apedrejá-lo. As testemunhas depuseram seus mantos aos pés de um jovem chamado Saulo. E apedrejaram a Estêvão, enquanto este invocava e dizia: "Senhor Jesus, recebe meu espírito". Depois, caindo de joelhos, gritou em voz alta: "Senhor, não lhes leves em conta este pecado". E, dizendo isto, adormeceu.*
>
> *Ora, Saulo estava de acordo com a sua execução. Naquele dia, desencadeou-se uma grande perseguição contra a Igreja que estava em Jerusalém. Todos, com exceção dos apóstolos, dispersaram-se pelas regiões da Judeia e da Samaria. Entretanto, alguns homens piedosos sepultaram Estêvão, fazendo grandes lamentações por ele. Quanto a Saulo, devastava a Igreja: entrando pelas casas, arrancava homens e mulheres e metia-os na prisão. (Atos, 7: 55-60; 8: 1-3)*

Podemos ver claramente que a imagem de Paulo em Atos era, então, de um perseguidor de cristãos que participava ativamente de execuções e prisões como cidadão romano e como judeu fariseu. Essa imagem é, de certo modo, contradita pelo próprio Paulo, em sua epístola aos Gálatas, quando o apóstolo narra suas primeiras viagens:

> *Quando, porém, aquele que me separou desde o seio materno e me chamou por sua graça, houve por bem revelar em mim o seu Filho, para que eu o evangelizasse entre os gentios, não consultei carne nem sangue, nem subi a Jerusalém aos que eram apóstolos antes de mim, mas fui à Arábia, e voltei novamente a Damasco. Em seguida, após três anos, subi a Jerusalém para avistar-me com Cefas [Pedro] e fiquei com ele quinze dias. Não vi nenhum apóstolo, mas somente Tiago, o irmão do Senhor. Isto vos escrevo e vos asseguro diante de Deus que não minto. Em seguida, fui às regiões da Síria e da Cilícia. De modo que, pessoalmente, eu era*

desconhecido às Igrejas da Judeia que estão em Cristo. Apenas ouviam dizer: quem outrora nos perseguia agora evangeliza a fé que antes devastava, e por minha causa glorificavam a Deus. (Gálatas, 1: 15-24)

Vemos dessa maneira, pelo testemunho próprio do apóstolo em carta, que possivelmente não seria ele o Paulo presente no apedrejamento. O confronto entre as posições de um e outro livro não é o que mais interessa, aqui, mas sim a definição de Saulo como um perseguidor de cristãos, fato que ele nunca negou. Ele reconhece na carta a primeira marca de sua conversão do judaísmo farisaico ao cristianismo nascente, o qual ele ajudaria a tomar forma entre os povos: de um perseguidor de cristãos, o apóstolo se torna o maior propagador da fé em Jesus Cristo que viveu naqueles tempos.

Então, o primeiro fato da vida de Paulo que influencia o nascimento da cristandade é que o apóstolo, já em Jerusalém, recebe, por meio de cartas escritas pelo sumo sacerdote, a missão de ir até Damasco, na província Síria, para prender e levar a Jerusalém todos aqueles que professassem a fé em Cristo. Nessa viagem, ocorreu a conversão de Paulo. Uma luz muito forte o atirou ao chão, e uma voz, chamando-o pelo nome, perguntou por que o perseguia. Saulo então, cego pela luz, foi até Damasco. Vejamos a narrativa:

Vocação de Saulo — *Saulo, respirando ainda ameaças de morte contra os discípulos do Senhor, dirigiu-se ao sumo sacerdote. Foi pedir-lhe cartas para as sinagogas de Damasco, a fim de poder trazer para Jerusalém, presos, os que lá encontrasse pertencendo ao Caminho, quer homens, quer mulheres. Estando ele em viagem e aproximando-se de Damasco, subitamente uma luz vinda do céu o envolveu de claridade. Caindo por terra, ouviu uma voz que lhe dizia: "Saulo, Saulo, por que me persegues?" Ele perguntou: "Quem és, Senhor?" E a resposta: "Eu sou Jesus, a quem tu estás perseguindo. [Duro te é recalcitrar contra o aguilhão. Então, trêmulo e atônito, disse ele: "Senhor, que queres que eu faça?" Respondeu-lhe* *o Senhor:] Mas levanta-te, entra na cidade, e te dirão o que deves fazer". Os homens que com ele viajavam detiveram-se, emudecidos de espanto, ouvindo a voz mas não vendo ninguém. Saulo ergueu-se do chão. Mas, embora tivesse os olhos abertos, não via nada. Conduzindo-o, então, pela mão, fizeram-no entrar em Damasco. Esteve três dias sem ver, e nada comeu nem bebeu. Ora, vivia em Damasco um discípulo chamado Ananias. O Senhor lhe disse em visão: "Ananias!" Ele respondeu: "Estou aqui, Senhor!" E o Senhor prosseguiu: "Levanta-te, vai pela rua chamada Direita e procura, na casa de Judas, por alguém de nome Saulo, de Tarso. Ele está orando e acaba de ver um homem chamado Ananias entrar e lhe impor as mãos, para que recobre a vista". Ananias respondeu: "Senhor, ouvi de muitos, a respeito deste homem, quantos males fez a teus santos em Jerusalém. E aqui está com autorização dos chefes dos sacerdotes para prender a todos os que invocam o teu nome". Mas o Senhor insistiu: "Vai, porque este homem é para mim um instrumento de escol para levar o meu nome diante das nações pagãs, dos reis, e dos filhos de Israel. Eu mesmo lhe mostrarei quanto lhe é preciso sofrer em favor do meu nome". Ananias partiu. Entrou na casa, impôs sobre ele as mãos e disse: "Saulo, meu irmão, o Senhor me enviou, Jesus, o mesmo que te apareceu no caminho por onde vinhas. É para que recuperes a vista e fiques repleto do Espírito Santo". Logo caíram-lhe dos olhos umas como escamas, e recobrou a vista. Recebeu, então, o batismo e, tendo tomado alimento, sentiu-se reconfortado.* (Atos, 9: 1-19)

Nesse momento, então, batizado e com a visão restaurada, Paulo se tornou um cristão. A mudança em sua vida foi clara, pois sua reação imediata à voz que o chamava, que era um chamado à vocação pela conversão, era colocar-se à disposição de Cristo, respondendo ao chamado: "Quem és, Senhor? Que queres que eu faça?". Essa é a resposta de alguém que passa a viver uma nova vida em Cristo, como o próprio apóstolo atesta: "Já não sou eu que vivo, mas é

Cristo que vive em mim. Minha vida presente na carne, eu a vivo pela fé no Filho de Deus, que me amou e se entregou a si mesmo por mim". Ali mesmo em Damasco, Paulo recebeu o batismo e começou sua obra de evangelização. Segundo o testemunho do próprio apóstolo, em Gálatas, 1: 17, como já citamos, ele vai então à Arábia e retorna a Damasco, de onde teve de fugir para poder manter-se vivo, sendo descido dentro de um cesto por uma corda, pelas muralhas da cidade: "Em Damasco, o etnarca do rei Aretas guardava a cidade dos damascenos no intuito de me prender. Mas por uma janela fizeram-me descer em um cesto ao longo da muralha, e escapei às suas mãos" (II Coríntios, 11: 32-33). Foi então a Jerusalém e lá passou a pregar a crença em Cristo, inicialmente entre os judeus.

Em Jerusalém, ele tentou se juntar aos cristãos, que o evitavam por sua fama de perseguidor de cristãos. Apenas Barnabé, que fazia parte da igreja do Senhor, se dispôs a apresentá-lo aos líderes. É sobre esta época que ele narrou o encontro com Cefas (Pedro) e Tiago, irmão do Senhor, que já citamos. Em Jerusalém, também foi perseguido, e os discípulos o acompanharam até Cesareia. Após isso, ele partiu para sua cidade-natal, Tarso, onde passou um período sem atividade missionária, e dali partiu para suas três viagens apostólicas, pelo que conhecemos hoje como Oriente Médio, Turquia e Europa. Foi em Tarso que Barnabé foi buscá-lo para que o acompanhasse em uma viagem em missão a Antioquia, então capital da Síria. Lá, junto com Barnabé pregou durante um ano, convertendo milhares de gentios. Ouvindo sobre a grande fome que se abatia sobre Jerusalém, ele partiu de Antioquia para a capital dos judeus, com recursos para a igreja-mãe. Concluída essa missão, voltaram a Antioquia, com João Marcos, um parente de Barnabé. Nessa época, o Espírito Santo disse aos chefes da igreja: "Separai para mim Barnabé e Saulo, para a obra à qual os destinei" (Atos, 13: 2). Nesse momento, partiram os dois na primeira viagem apostólica.

Sua primeira viagem ocorreu entre 46 d.C. e 48 d.C., aproximadamente, quando Paulo faz sua primeira jornada missionária. Entre os anos de 50 d.C. e 52 d.C., empreendeu sua segunda viagem, visitando comunidades na Ásia Menor, quando, em uma visão, foi chamado à Macedônia, auxiliando no nascimento de comunidades cristãs em Filipos, Tessalônica e Bereia, chegando a Atenas. Também entre 50 d.C e 62 d.C., o apóstolo se dedicou a escrever suas epístolas, das quais temos 13 que chegaram até nós como livros do Novo Testamento. Elas são cartas escritas a comunidades cristãs nascentes e a alguns chefes locais de igrejas, para a determinação doutrinária e de comportamento entre as comunidades. São os primeiros documentos escritos que disciplinam a fé cristã, e delas se depreende que o autor era um homem muito instruído, tanto em sua religião primária quanto na filosofia dos gregos, entre os quais ele foi criado. Por fim, sua terceira e última viagem ocorreu entre 53 d.C. e 58 d.C., quando o apóstolo foi preso em Jerusalém e enviado a Roma, para ser julgado por um tribunal de César, por ser cidadão romano. A viagem de barco (considerada a quarta de suas viagens) foi muito acidentada, tendo os tripulantes e os prisioneiros se salvado de um naufrágio e demorado meses para alcançar a Itália. Em Roma, alugou uma casa e permaneceu em prisão domiciliar até 67 d.C., quando foi novamente preso e decapitado nos arredores de Roma, como mártir da cristandade.

3.1.2 As viagens de Paulo

Todas as viagens e as narrativas dos encontros entre Paulo e as igrejas que fundava e visitava em suas jornadas está no livro de Atos, nos capítulos 13 a 18. Durante sua vida, o apóstolo foi o que mais longe e a mais lugares levou a mensagem de Cristo.

Primeira viagem – Decorreu aproximadamente entre os anos de 46 d.C. e 48 d.C. O apóstolo estava acompanhado de Barnabé e João Marcos. O caminho se iniciou em Antioquia, passou pela ilha do Chipre, praticando maravilhas. Anunciou Jesus na sinagoga em Salamina e após isso percorreu a pé toda a ilha, até Pafos, onde anunciou Jesus ao procônsul romano e provocou a cegueira no mago Barjesus. Foi então por mar até a região da Panfília, na Ásia Menor, na cidade de Perge, de onde João Marcos retornou, deixando o apóstolo irritado, razão pela qual não mais o levou nas viagens seguintes. Seguiu para Antioquia da Pisídia, Icônio, Listra e Derbe, voltando à Antioquia da Síria, de onde havia partido. No caminho, relatam-se muitos milagres, como cura de paralíticos e muitas evangelizações. Porém, o mais notável é a perseguição que sofreu, pois em vários lugares teve de enfrentar tentativas de linchamento e apedrejamento.

Foi logo após essa viagem que o apóstolo retornou a Jerusalém, por volta de 49 d.C., quando ocorreu um concílio para decidir que exigências poderiam ser feitas aos gentios convertidos, no que diz respeito à observância à Lei de Moisés.

Segunda viagem – Ocorreu entre os anos de 50 d.C. e 52 d.C., aproximadamente. Logo após sua volta do Concílio de Jerusalém, Paulo, dessa vez junto com Silas, iniciou sua segunda viagem missionária, objetivando visitar as igrejas que se haviam estabelecido nas cidades que visitara anteriormente. O roteiro seguiu por Antioquia da Síria, Cilícia, Listra, Frígia, Galácia, Trôade, na Macedônia, e Grécia em Filipos, Tessalônica, Bereia, Acaia, Atenas, Corinto, Éfeso, voltando a Jerusalém e à Antioquia da Síria. Dessa vez com menos recepções violentas, juntaram-se a eles Timóteo, em Listra, e Lucas, em Trôade. Em Corinto, ficou um ano e meio, e foi aí que escreveu sua epístola aos Tessalonicenses.

Terceira viagem – Tendo passado algum tempo em Antioquia, o apóstolo mudou então sua base para Éfeso, onde passou dois anos. Esse evento está relatado no livro de Atos, que também deixa claro que possivelmente, durante esse tempo, o apóstolo fez pequenas viagens pela Ásia Menor, pregando a Palavra de Deus: "Isto prolongou-se pelo espaço de dois anos, de sorte que todos os habitantes da Ásia, judeus e gregos, puderam ouvir a palavra do Senhor" (Atos, 19: 10). A terceira viagem de Paulo durou de 53 d.C. a 58 d.C.; passou pelas cidades de Antioquia da Síria, Galácia, Frígia, Éfeso, Macedônia, Grécia, Trôade, Mileto, Tiro e Cesareia.

Quarta viagem – O que tomamos como quarta viagem de Paulo foi sua jornada quando preso, em Jerusalém, encaminhado ao procurador romano, Félix, em Cesareia, depois novamente julgado por outro procurador, na presença do rei judeu, Herodes Agripa, perante o qual apelou a César, razão pela qual foi encaminhado a Roma por ser cidadão do Império. Embarcados os prisioneiros, seguiram pela costa Palestina até Sidom, depois ao Chipre, onde embarcaram em outro navio para a Itália. Passando por Creta, iniciaram os problemas. Ao passar por Malta, uma grande tempestade os impediu de seguir viagem e então decidiram passar o inverno na ilha, após o naufrágio do barco. Na primavera, embarcaram em novo navio, o Dióscoro, com o qual chegaram a Óstia, já na Itália, de onde seguiram a pé para Roma, onde Paulo alugou uma casa e permaneceu até ser condenado e receber o martírio, entre 64 d.C. e 68 d.C.

3.1.3 O ministério de Paulo e seu exemplo

Em seu ministério, o apóstolo Paulo estabeleceu e fixou pelo menos 52 novas igrejas pela Europa, Ásia Menor e Oriente Próximo, no contexto do Novo Testamento. Essa expansão e dedicação à divulgação da Palavra devem ser consideradas para servirem de referência para nossa ação evangelizadora na cidade.

A atividade de Paulo era sempre baseada em uma ação sobre a cidade, porém em equipe, em grupo, com seus acompanhantes de viagem e com a comunidade que visita. Em consequência, sua missão era sempre realizada dentro do panorama urbano, com a comunidade autonomamente constituída, pois em cada local havia colaboradores prontos a ajudá-lo na construção da igreja. Mesmo nas cidades em que permaneceu por curtos períodos, como é o caso da terceira viagem, não teria o mesmo resultado se não houvesse um grupo de pessoas em cada uma delas, não só aguardando, mas construindo a igreja e transformando as comunidades para a divulgação da Boa Nova. Possivelmente, esse modo de proceder foi fruto de seu trabalho como colaborador na cidade de Antioquia da Síria, onde o apóstolo permaneceu por anos. É nessa cidade que, em meio aos profetas e doutores da Nova Lei, ele recebeu o segundo chamado, par sair pelo mundo a divulgar a Palavra:

> *Havia em Antioquia, na Igreja local, profetas e doutores: Barnabé, Simeão cognominado Níger, Lúcio de Cirene, e ainda Manaém, companheiro de infância do tetrarca Herodes, e Saulo. Celebrando eles a liturgia em honra do Senhor e jejuando, disse-lhes o Espírito Santo: "Separai para mim Barnabé e Saulo, para a obra à qual os destinei". Então, depois de terem jejuado e orado, impuseram-lhes as mãos e despediram-nos.*
> (Atos, 13: 1-3)

Com sua ação peregrina, de pregar e converter em cada cidade, surgiam pequenas comunidades cristãs, nascentes, em cada cidade por que passava. Essas comunidades davam sequência ao trabalho de divulgação do Evangelho do Senhor e de conversão das pessoas. Depois, quando o apóstolo recordava a cada comunidade seus princípios, que já havia semeado entre eles, por meio de suas epístolas, cada comunidade se sentia lembrada e via seus problemas particulares tratados de modo novo, pelo ensinamento que brotava da Palavra do Senhor e crescia em amor e caridade quando retomado por Paulo. A estratégia de Paulo não era constituir um grupo que fosse com ele a toda parte, por isso não nomeava discípulos nem chamava a segui-lo. Ele renovou o chamado a cada um dos convertidos à nova fé: construir o Reino por meio da igreja em cada cidade, em cada comunidade. Ele chegava aos locais e ajudava nos problemas ali criados, tentava solucionar os problemas posteriores por meio das exortações em suas epístolas e semeava a Boa Nova por onde passava, mas não queria que a comunidade fosse acompanhá-lo em sua missão; a vocação e o chamado à peregrinação e divulgação haviam sido dados aos discípulos e a um pequeno número de apóstolos como ele, Bernabé e Silas, não a todo o povo de Deus.

Mesmo considerado líder em suas jornadas peregrinas, ele mesmo colaborava com o trabalho de seus convertidos. Quando havia problemas de disputas entre cristãos pela primazia entre os outros ou exigências errôneas para que as pessoas se convertessem à fé cristã, Paulo exortava, por meio de suas cartas às comunidades, ao fim das divergências, ou mesmo admoestava, tal pai zeloso, como quando se dirigia aos gálatas e os advertia contra a vanglória (Gálatas, 5: 13-26).

Essa estratégia do apóstolo Paulo era tomada mais como uma exigência de adaptação ao meio urbano, por sua característica de junção das diferenças, diversidade étnica, cultural e de condição social. Era de muito maior senso de correção que ele formasse equipes nas cidades, com vistas a adaptar o trabalho de pregação, divulgação e conversão em conjunto com aqueles que já conheciam as comunidades e dentro delas pudessem conhecer as necessidades de cada grupo.

3.2 O movimento evangelizador de Paulo nas cidades

Na pastoral urbana, hoje, vivemos um grande desafio que é em tornar pública e efetiva a presença da igreja na cidade. A sociedade atual, como vimos, abre espaço para uma profissão de fé cristã ou uma prática religiosa no âmbito privado, íntimo. Mas tende, como sistema, a eliminar toda referência à religião. Precisamos ter uma base bíblica de referência para podermos articular uma ação objetiva da igreja na cidade. Vamos tomar como base a ação desenvolvida pelo apóstolo Paulo.

Paulo havia sido perseguidor da igreja cristã; contudo, com sua conversão o movimento missionário, ganhou força e partiu pelo mundo, segundo o conselho de Cristo ressuscitado: "Ide por todo o mundo, proclamai o Evangelho a toda criatura" (Marcos, 16: 15). Em Atos, capítulo 13, o Espírito Santo mostra claramente a missão que Paulo e Barnabé deveriam desempenhar. Com o aval da igreja de Antioquia, os dois saem para a tarefa missionária. A partir daí, Paulo entra na história, em uma combinação de teólogo profundo e missionário fervoroso.

Para compreender o ímpeto missionário de Paulo, podemos nos propor as seguintes questões:

- Quais foram os motivos que o levaram a assumir essa missão?
- Que estratégias ele usou para divulgar a Palavra e fazê-la ser aceita?

Podemos ver, pela movimentação registrada no livro de Atos dos Apóstolos, bem como nos registros de suas viagens e epístolas, sua motivação para a evangelização e conversão, mesmo sofrendo todo tipo de castigo e humilhações. Ele conta que foi preso e açoitado várias vezes, e não foram poucas aquelas em que teve de fugir para não ser morto, tanto pelos romanos ou moradores de cidades do Império, quanto pelos próprios judeus, seu povo. Obviamente, havia algo que o empurrava adiante na missão, desde aquele chamado no deserto.

3.2.1 Motivação de Paulo

Certamente, o encontro de Paulo com Jesus, no deserto chegando a Damasco, foi para Paulo uma experiência transformadora. Ele ouviu a voz de Cristo, chamando-o, e se pôs à disposição: "Senhor, que queres que eu faça?" (Atos, 9: 5). Certamente, esse é um dos motivos que o levou à missão que ele dedicou toda sua vida a partir daquele momento. Porém, há teóricos que pensam de modo um pouco diferente: Lopes (1997, p. 2) afirma que são as **convicções teológicas** que levam Paulo a sair, construir igrejas e propagar a fé em Cristo na Europa e Ásia. Essas convicções se manifestaram em algumas crenças, destacadas pelo teólogo nos escritos do apóstolo.

A crença na chegada dos últimos dias, exemplificada em I Coríntios, 10: 11: "Estas coisas lhes aconteceram para servir de exemplo e foram escritas para a nossa instrução, nós que fomos atingidos pelo fim dos tempos". Nessa crença se inclui o comprimento de todas as promessas de Deus aos antigos, que, com a chegada do tempo, deveriam ser cumpridas. Sua própria experiência de transformação, passando a defender a Cristo depois de ter perseguido os cristãos era um exemplo disso. Em segundo lugar, Lopes (1997, p. 3) destaca também a chegada do tempo de instauração plena das promessas de Deus pela igreja de Cristo. Ele também cita essa plenitude como sinal da chegada dos tempos. Em Efésios, 1: 23, Paulo afirma: "Tudo ele pôs debaixo dos seus pés, e o pôs, acima de tudo, como Cabeça da Igreja, que é o seu Corpo: a plenitude daquele que plenifica tudo em tudo". A igreja cristã representa, então, a plenitude de Cristo, que resulta na plenitude de tudo.

Já, por seu lado, Oliveira (2003, p. 5-8) destaca, dentro das motivações possíveis de Paulo, as emoções da alma como motores da consciência missionária que o levou a peregrinar o mundo conhecido então fundando a igreja de Cristo:

> **Paixão por cristo**: *[...] Este sentimento norteava o ministério de Paulo e o impelia para que levasse adiante as Boas Novas. (Romanos, 8: 36-39; I Coríntios, 2:9; I Coríntios, 16:22). Essa paixão, portanto, incitava o apóstolo a estar sempre no centro da vontade daquele a quem pertencia seu coração. [...] Aliás, somos exortados pelo próprio Cristo a isso (Apocalipse, 2:4-5).*
>
> **Paixão pela igreja**: *[...] O sentimento motivador de Cristo a se entregar pela igreja era o mesmo que Paulo tinha por ele. A entrega, portanto era bilateral: Cristo se entregou pela igreja, e Paulo se entregou por ele. [...] As suas epístolas às igrejas eram carregadas de uma preocupação abnegada por tudo o que acontecia dentro dessas comunidades. Ele considerava-os seus filhos, e por isso exortava quando era preciso. [...] O que gerou a composição de I Coríntios foram uma resposta de uma carta enviada pelos próprios coríntios (7:1), e as notícias perturbadoras à respeito da situação da igreja (1:11). Alguns textos mostram a preocupação e a afeição de Paulo com as comunidades cristãs provenientes de uma grande paixão: II Coríntios, 6:13; Efésios 3:1; Filipenses, 1:3-5, 4:1-4; Colossenses, 1:3-10, I Tessalonicensses, 1:2-10, 5: 12-27; II Tessalonicenses, 1:11-12, 3:6-15.*
>
> **Convicção do seu chamado**: *A terceira motivação missionária do apóstolo Paulo era a profunda convicção de que ele fora chamado para ser apóstolo de Jesus Cristo pela vontade de Deus. Isso se expressa na maioria de suas epístolas, nas quais ele recorre à autoridade de seu*

apostolado para confirmar seu ministério (Romanos, 1:1, I Coríntios, 1:1, II Coríntios, 1:1, Gálatas, 1:1, Efésios, 1:1, Colossenses, 1:1, I Timóteo, 1:1, 2:7; II Timóteo, 1:1, 1:11; Tito, 1:1; Filêmon, 1).

Necessidade das pessoas: *Outra motivação missionária que constrangia Paulo era a visão que ele tinha de que o mundo necessitava das Boas Novas. Em I Timóteo, 2:4, ele diz que o desejo de Deus é que todos as pessoas cheguem ao pleno conhecimento da verdade; e esse era também um desejo do próprio Paulo. [...]*

Convicções teológicas: *Depois de sua conversão, Paulo se retirou para a Arábia por algum tempo (Gálatas, 1:16-23). O motivo dessa viagem não aparece em seus escritos e nem em Atos. Mas é possível que Paulo tenha se ausentado para poder pensar em todas as implicações de seu encontro com o Cristo ressurreto na estrada de Damasco. [...] Para Lopes, o que movia toda a ação missionária paulina eram duas convicções teológicas. A primeira é que Paulo tinha certeza que estava vivendo os dias do cumprimento, os fins dos séculos (I Coríntios, 10:11). Em segundo lugar, era que as antigas promessas de Deus encontravam concretização histórica na igreja de Cristo.*

Com a situação agitada que vivemos hoje, populações revoltadas contra seus governantes, cidades em que a violência é a marca, falta de respeito, educação e compreensão entre grupos diferentes, maldade, fome, o império das drogas se impondo nas periferias e centros, falta de caridade e amor, o abismo social se agigantando a cada dia, enfim: um rol de problemas para os quais urge buscar solução, sabemos que a principal delas é a busca a Deus. As pessoas devem buscar servi-lo, pois só n'Ele podemos buscar a mudança, a real conversão experimentada por Paulo. As necessidades das pessoas e de toda a criação de Deus devem nos impulsionar a levar essa mensagem de salvação e vida. Uma reflexão importante diz que:

> *A questão é oferecer condições às pessoas de fazer uma experiência de Cristo. Neste sentido, não basta reforçar a instituição ou dar mais publicidade à sua mensagem. Deve-se levar à experiência salvífica, a qual só se realiza no contexto da comunidade cristã, do povo de Deus. Pois o encontro com o Cristo vivo se dá hoje, como no início, através do encontro com seus discípulos... se torna exigência de que os discípulos acolham como Ele acolheu, amem como Ele amou, sirvam como Ele serviu, perdoem como Ele perdoou, curem as enfermidades do corpo e do espírito como Ele curou, encontrem sua felicidade nas bem-aventuranças, anunciem aos pobres e oprimidos o tempo da libertação e da graça. Precisamos investir na proclamação da mensagem de Cristo que vá de encontro às necessidades das pessoas. Isso não significa mudar o conteúdo da mensagem, mas mudar a forma de proclamá-la, a linguagem.* (Antoniazzi, 2017, citado por Oliveira, 2003, p. 31)

Desse modo, certamente um dos aprendizados que podemos aproveitar da missão de Paulo é que a convicção e a retidão na defesa de suas doutrinas não o levavam a seguir as correntes de sua época. Se fosse um acomodado, o apóstolo teria ficado com suas crenças farisaicas, como perseguidor dos cristãos e desempenhado pela vida toda esse papel. No entanto, ao combater o bom combate, ele confrontou a corrente do judaísmo de sua época, o dominador romano e as seitas pagãs, mesmo sendo ameaçado e violentado muitas vezes. Apenas em seu caminho reto podemos ver que persistir em Jesus era sua única certeza e a igreja se fundou em torno a ele. Paulo nos convidou a não ceder a qualquer vento de doutrina (Efésios, 4:14). Diz Oliveira (2003, p. 16): "Quando Paulo e Silas foram enviados a pregar em Bereia, aquelas pessoas que ouviram a mensagem foram consideradas mais nobres que os tessalonicenses, porque de bom grado receberam a palavra, examinando cada dia nas Escrituras se estas coisas eram assim (Atos, 17: 10-11)".

No entanto, não podemos fazer esse tipo de distinção, pois não há alguns melhores que outros para seguir a Palavra, o que se deve é estar firme em suas convicções e falar com a linguagem de cada povo, pois o que se deve adaptar é o modo de comunicar, não aquilo que se prega. Os motivos de Paulo eram, desse modo, carregados de paixão pelo Cristo que o converteu no deserto e pela igreja nascente, a qual ele formou e para a qual deu sua doutrina, com a certeza de sua resposta ao chamado "Senhor, que queres que eu faça?" (Atos, 9: 5).

3.2.2 Como Paulo divulgou a igreja de Cristo

A grande jornada missionária do apóstolo Paulo está relatada no Novo Testamento, no livro de Atos, a partir do capítulo 13. Sua peregrinação pela Europa e Ásia pregando a renovação da Aliança com Deus, reconciliando o novo homem e seu Deus por meio da crença no Messias, que venceu a morte e o converteu no deserto de Damasco, regenerando-o e tornando-o renovado. Seu modo de proceder em sua missão estava irremediavelmente ligado à sua própria conversão e regeneração como homem de Deus. As perseguições que sofreu não o tornaram uma pessoa amarga, revoltada ou sequer enrustida, pelo contrário: tornaram mais fortes suas mensagens de reconciliação do Deus por meio da conversão à Boa Nova de Jesus Cristo. O apóstolo sempre ressaltou a necessidade de se tornar um novo homem para aceitar Jesus, e isso incluía uma maneira nova de ser e conceber a comunidade, a qual representava para ele a igreja, como o Reino de Deus na terra. É por isso que o centro de sua peregrinação é a cidade romana, dentro do Império que dominava a região.

Abordar as estratégias de Paulo e sua metodologia pastoral nas cidades por que passou é, sem dúvida, compartilhar de seu entusiasmo, seu caráter e sua paixão pelo Cristo e pela igreja que nascia. Seu carisma de divulgador da Boa Nova de Cristo cativava pelo ensinamento doutrinário, presente em suas epístolas, e também pela prática missionária onde quer que fosse. Sua dedicação tornou sua vida toda uma única missão: a de propagar o Deus verdadeiro que conhecera. São muitos os destaques feitos pelos teólogos de estratégias usadas por Paulo para levar sua missão adiante. Vejamos, a seguir, alguns desses destaques, com a consciência de que não eram estratégias planificadas e pensadas com anterioridade, mas apenas maneiras de enfrentar os problemas que apareciam na jornada.

O teólogo Kaefer (2010) destaca algumas das estratégias que ele vê no comportamento missionário de Paulo:

As grandes cidades – A escolha por grandes cidades ou aquelas em que o comércio e a circulação de pessoas era mais intensa se revelou uma maneira de estar com o povo onde se realizavam as principais atividades da época. Era ali que Paulo buscava os mais oprimidos, os famintos e os que precisavam de lenitivo para a humilhação que sofriam.

A opção pelos excluídos – Junto com sua conversão, Paulo assumiu sua condição de desempregado, pobre e perseguido, pois renunciou ao lugar que tinha como perseguidor de cristãos, educado pelos melhores professores, e assumiu sua luta por eles. Exemplar é a sequência de cenas vivida pelo apóstolo entre Atenas e Corinto. Enquanto na capital grega ele tentou se expor no Areópago aos tribunos e filósofos e sequer foi ouvido, em Corinto ele não se apresentou como um sábio ou grande pregador. Apenas aprendeu o ofício de fabricante de tendas, humildemente, e então aprendeu que era entre os humildes que conseguiria seu lugar. Em I Coríntios, 26-27 ele explica sua opção: "Vede, pois, quem sois, irmãos, vós que recebestes o chamado de Deus; não há entre vós muitos sábios segundo a carne, nem muitos poderosos, nem muitos de família prestigiosa. Mas o que é loucura no mundo, Deus o escolheu para confundir os sábios; e, o que é fraqueza no mundo, Deus o escolheu para confundir o que é forte".

A mística da gratuidade – O que mantinha Paulo sempre em sua missão era a grandeza mística da gratuidade do que fazia: apenas a paixão pelo seu Cristo e sua Palavra o mantinham, não precisava pagamento nem qualquer remuneração. Em Filipenses, 2: 6-11, o apóstolo faz essa opção: "Tende em vós o mesmo sentimento de Cristo Jesus: Ele tinha a condição divina, e não considerou o ser igual a Deus como algo a que se apegar ciosamente. Mas esvaziou-se a si mesmo, e assumiu a condição de servo, tomando a semelhança humana. E, achado em figura de homem, humilhou-se e foi obediente até a morte, e morte de cruz". Essa condição de se assumir escravo de sua missão é parte de sua estratégia.

A mística do martírio – Dizer que Paulo sofreu por sua missão é bastante fácil: prisões, apedrejamentos, fugas em meio à noite e açoites eram fatos corriqueiros em sua jornada. Ele o diz, em Filipenses, 1: 21-26:

> *Pois para mim o viver é Cristo e o morrer é lucro. Mas, se o viver na carne me dá ocasião de trabalho frutífero, não sei bem o que escolher. Sinto-me num dilema: o meu desejo é partir e ir estar com Cristo, pois isso me é muito melhor, mas o permanecer na carne é mais necessário por vossa causa. Convencido disso, sei que ficarei e continuarei com todos vós, para proveito vosso e para alegria de vossa fé, a fim de que, por mim – pela minha volta entre vós – aumente a vossa glória em Cristo Jesus.*

Essa marca do martírio pela persistência na verdade de sua causa era clara na igreja nascente, dar a vida por Jesus era um testemunho autêntico de cristão.

A igreja em casa – A igreja nasce então nas casas dos fiéis. É comum ler nas epístolas de Paulo, quando se dirigia às lideranças das comunidades: "à igreja que se reúne em sua casa" (conforme vemos em Romanos, 16: 5; I Coríntios, 16: 19; Filemon, 1: 2; Colossenses, 4: 15 e Atos, 2: 46). E essa opção pelo caseiro, familiar, também se estendeu ao tratamento que ele deu às pessoas, constantemente chamando-os de "filhos, filhas, irmãos, irmãs". Isso reforçou a ligação entre a casa, o lar e a igreja para os primeiros cristãos.

A opção por lideranças leigas – A participação sempre estimulada por Paulo de lideranças das comunidades nas primeiras igrejas fundadas é marcante. Como o apóstolo não podia passar muito tempo em cada comunidade, tendo parado em poucas por mais de um mês, as lideranças locais tinham de surgir das próprias comunidades, para não se perder a fé já de início. Na carta aos romanos, ele apresentou saudações a 30 pessoas, 11 delas mulheres, todas líderes em suas igrejas.

A comunidade cristã – Uma última estratégia seguida por Paulo foi insistir na comunidade cristã como um projeto próprio, que não precisava nem devia seguir os preceitos das comunidades religiosas anteriores. Foi assim que, desde o Concílio de Jerusalém, ele havia ajudado a determinar que os cristãos convertidos não seguiriam os preceitos judaicos para se integrarem à comunidade, pois a igreja, como entregue por Jesus a Pedro e depois apresentada a Paulo por meio do convite no deserto, não era apenas mais uma seita judaica, e sim uma proposição de uma Nova Aliança para os povos em geral. Outra diferença era a igualdade de todos perante Deus, demonstrada nos cultos praticados. Todos tinham lugar igual na Ceia do Senhor, não havia melhores cadeiras nem prioridade nos assentos.

Dessa maneira, Kaefer (2010) resume as estratégias importantes, para ele, na missão de Paulo. Por seu lado, Oliveira (2003, p. 16-30) vê algumas características diferentes na pregação de Paulo. A primeira é o **uso do poder do Espírito Santo**:

> **A pregação do evangelho no poder do Espírito Santo** – *Uma marca peculiar da estratégia de missão de Paulo foi a pregação do Evangelho no poder do Espírito Santo. Paulo estava disposto a levar o evangelho por onde quer que fosse, em toda sua integridade, embora fosse condenado e perseguido por isso. Sofreu perseguição, foi preso, mas não cessava de pregar e ensinar o Evangelho (At 28: 30-31), contudo, a base para Paulo fazer isso era o próprio Espírito Santo.*
>
> *Precisamos ver os dois fatos lado a lado: Escrituras e poder de Deus. Quanto às Escrituras, somos tendentes a substituí-la por qualquer outra sabedoria, ou pelas tradições, ou pelos modismos, ou pelas "inovações". Mas, não podemos substituir a palavra de Deus por nada. A Palavra de Deus é articulada pelo Espírito Santo. O próprio Senhor Jesus a usou para validar sua autoridade de Filho de Deus (Lc 4:17-19). Somos sustentados diariamente pelo poder de Deus. Conhecer as Escrituras sem o poder de Deus nos torna doutores da lei. Conhecer o poder de Deus sem as Escrituras faze-nos cristãos superficiais. Para pregarmos eficazmente o evangelho na atualidade é necessário haver este equilíbrio: Escrituras e poder de Deus.* (Oliveira, 2003, p. 16-17)

Então, o teólogo estabelece que também a força do Espírito sobre o apóstolo, o qual se fizera presente sobre os discípulos em Pentecostes, estava ao lado de Paulo em suas pregações, não para livrá-lo do martírio, mas para dar-lhe força para persistir em sua missão.

A segunda estratégia missionária de Paulo, para Oliveira (2003), é o que ele chama de *plantação de igrejas*. Embora o mais correto fosse chamar de *semeadura de igrejas*, já que o crescimento delas dependia mais da comunidade local do que da permanência do apóstolo em seu seio, o fato é que Paulo semeou igrejas por toda parte em que passou, em todas as suas viagens. Até mesmo na chamada *quarta viagem*, que realizou preso e enviado a julgamento nos tribunais de Roma, o apóstolo seguiu semeando com pregações, bem como em sua casa, aquela que alugou em Roma à espera de julgamento. Diz o teólogo:

> *Atualmente, a evangelização também é feita, mas é possível que o princípio de Paulo não seja repetido. Não existe com tanto afinco a ideia de plantar novas igrejas. Corre um estranho pensamento que uma igreja nova só é plantada com pesados subsídios e de líderes de igrejas maiores. Por isso, ao invés de sair plantando igrejas novas em todo canto da cidade, é melhor investir nas reuniões nos lares, ou células. Não há o pesado investimento como haveria no caso de plantar uma nova igreja; não precisa dos líderes, é só treinar os crentes; o suposto problema da falta de comunhão entre os membros é resolvido.*
>
> *Mas só quem viveu nos dois lados sabe que existe muita diferença entre uma igreja grande com células e uma igreja pequena. Meu objetivo não é criticar o movimento de igrejas em células nem o crescimento das igrejas. Creio que a primeira é uma boa ideia e a segunda é resultado da obediência ao mandamento de Cristo.* (Oliveira, 2003, p. 17)

Paulo sabia que era importante iniciar as igrejas, pois os convertidos precisavam de locais para comungarem em sua fé. Seu propósito era organizar as comunidades cristãs em um rito, com um local específico para culto e debates para a promoção da ideia cristã. Porém, permanece o ideal, ainda hoje, de que as igrejas sejam da comunidade local, sem medo de se desmembrar das grandes igrejas, porque a proximidade entre os fiéis constrói a intimidade necessária para a comunhão e o aprendizado da Palavra.

Oliveira (2003) também destaca a **formação de lideranças na comunidade**, que já comentamos, e a **contextualização**

missiológica, de que também já tratamos anteriormente. O último destaque do teólogo é o **apoio da igreja de Antioquia**. Esse aspecto fica claro quando vemos que o apóstolo interrompeu uma de suas viagens e retornou a Jerusalém, quando teve notícias de que a igreja de lá sofria fome e penúria. Paulo sentiu como se o abalo de uma das igrejas que ajudou a formar fosse de toda a cristandade, portanto se viu obrigado a colocar-se à disposição e levar de Antioquia recursos para a manutenção da igreja de Jerusalém. Esse apoio estrutural, com a retaguarda da igreja que o sediava, é importante exemplo para a igreja de hoje.

3.3 Aprendendo com Paulo

As lições que podemos tirar da jornada missionária de Paulo são muitas e nos conduzem principalmente a uma compreensão de como preparar a igreja hoje, como lidar com a conversão e como procurar o ardor e a paixão pela missão que nos é destinada como novos homens, convertidos na fé e praticantes do amor de Cristo. Cabe-nos perguntar, inicialmente, quais motivos levam as pessoas até uma igreja, por que elas lá permanecem ou a abandonam em seguida e como manter acesa a chama da missão dentro delas.

3.3.1 Razões pelas quais algumas pessoas chegam até a igreja

Jesus viveu uma realidade que temos experimentado: "Desde então muitos dos seus discípulos tornaram para trás e já não andavam com ele. Então disse Jesus aos doze: queria vós também retirar-vos? Respondeu-lhe, pois, Simão Pedro: Senhor para quem iremos nós? Tu tens as palavras da vida eterna" (João 6:66-68). De fato, Jesus percebera certo desânimo em seus discípulos e queria avivar-lhes a chama. Diante desse fato, listamos razões pelas quais algumas pessoas chegam até a igreja atualmente:

1. Pessoas se unem a igreja por questão de amizade.
2. Pessoas que estão na igreja por influência de outros, mas nunca tomaram uma decisão séria de seguir a Cristo.
3. Um grupo que vai à igreja apenas por interesses e bênçãos.
4. Pessoas que vão a igreja em busca de reconhecimento social.
5. Pessoas que se unem a igreja por interesses comerciais.
6. Pessoas que participam da igreja por medo de sofrer penas na vida posterior, ou seja, o medo de penar no inferno.
7. Pessoas que chegam à igreja por curiosidade a respeito das questões sobrenaturais.
8. Pessoas que chegam à igreja por engano, não sabem exatamente o que está acontecendo a sua volta.
9. Pessoas que participam da igreja porque estão precisando de uma palavra de esperança, pois buscam cura para doenças ou familiares.

A partir desse contexto, o pastor ou líder de grupo pequeno, deve desenvolver um programa de discipulado e treinamento, deve acreditar nas pessoas. Cada um tem potencial para se tornar um cristão exemplar. Jesus acreditava nas pessoas, investia nas pessoas, apoiava as pessoas, dava valor ao desacreditado, incentivava o desanimado (Mateus, 11: 28).

O líder é um descobridor de novos líderes. Ele observa, ensina e estimula as pessoas; no seu trabalho, tem em mente a projeção que determinada pessoa ainda vai ter em sua igreja, no seu grupo pequeno. Sendo assim, ele incentiva constantemente, ajuda, auxilia aos novos líderes para que eles possam desempenhar uma tarefa igual à sua, ou quem sabe até melhor.

A ideia principal da liderança é ajudar as pessoas a desempenharem ao máximo seu potencial. Com ajuda de outras pessoas, podemos chegar ao pleno desenvolvimento de nossos talentos. Os talentos afloram no pequeno grupo. O trabalho da liderança é público; os líderes estão sendo observados e tem a tarefa de observarem, e um ciclo complexo de observação e de ajuda que resulta em pessoas comprometidas com Jesus.

Um bom líder é um constante motivador, percebe o talento, descobre o dom e incentiva a pessoa que faz parte de seu grupo a desenvolver seu maior potencial. Cabe ao líder compreender que uma de suas principais tarefas é descobrir novos líderes.

3.3.2 Como escolher os líderes

Uma segunda questão importante, levantada pela leitura da vida e prática missionária de Paulo, é como fazer a escolha de líderes dentro das comunidades. Onde encontrá-los, como incentivar as atitudes de liderança pastoral e qual o objetivo desses líderes.

Podemos cotejar algumas sugestões, motivadas em princípios bíblicos:

- Os que são fiéis, têm fé e manifestam confiabilidade. Na parábola dos talentos, em Mateus, 25: 23, Cristo nos dá uma ideia profunda sobre quem realmente é fiel: aquele que, no uso de seus talentos, os faz produzir em dobro e mais. "Disse-lhe o senhor: 'Muito bem, servo bom e fiel! Sobre o pouco foste fiel, sobre o muito te colocarei. Vem alegrar-te com o teu senhor!'" Então, aquele que muito produz com o pouco que lhe é confiado deve ser valorizado.
- Ore por sabedoria. Pedir aos fiéis que apenas o ajudem não desperta líderes entre eles. Os líderes serão aqueles a quem outros fazem com boa vontade. Recorde novamente a parábola dos

talentos: o servo que teve medo apenas enterrou seu talento para devolvê-lo ao mestre. Quem esconde o que tem de bom a dar não é sábio. Não devemos pedir a Deus que nos dê um líder, mas que nos faça saber reconhecê-lo na comunidade em que já atua como tal.

- Não há ninguém sem talento. O importante é que saibamos reconhecer em cada um a maneira própria de manifestá-los. Podemos nos inspirar nos dons do Espírito Santo, como em Romanos, 12: 6-8:

Tendo, porém, dons diferentes, segundo a graça que nos foi dada, aquele que tem o dom da profecia, que o exerça segundo a proporção da nossa fé; aquele que tem o dom do serviço, o exerça servindo; quem o do ensino, ensinando; quem o da exortação, exortando. Aquele que distribui seus bens, que o faça com simplicidade; aquele que preside, com diligência; aquele que exerce misericórdia, com alegria.

Também em I Coríntios, 12: 14; 27-30 encontramos uma exortação ao reconhecimento dos dons:

O corpo não se compõe de um só membro, mas de muitos. [...] Ora, vós sois o corpo de Cristo e sois os seus membros, cada um por sua parte. E aqueles que Deus estabeleceu na Igreja são, em primeiro lugar, apóstolos; em segundo lugar, profetas; em terceiro lugar, doutores... Vêm, a seguir, os dons dos milagres, das curas, da assistência, do governo e o de falar diversas línguas. Porventura, são todos apóstolos? Todos profetas? Todos doutores? Todos realizam milagres? Todos têm o dom de curas? Todos falam línguas? Todos as interpretam?

Reconheça e preste honra aos líderes que Deus colocou sobre sua vida. Jesus tinha um relacionamento com seus discípulos de liderança e também de amizade e apoio. (João, 13: 10; 21: 15-17; 21; 22). O êxito e a continuidade do ministério de Jesus dependiam do compromisso e dedicação daqueles homens. Esse projeto de Jesus e os apóstolos impactaram o mundo inteiro, isso é uma prova de que o modelo de Jesus realmente funciona.

Síntese

Este capítulo é para servir de modelo. Você deve observar os pontos desenvolvidos pelo apóstolo Paulo, seu trabalho e as estratégias desenvolvidas, seu apoio à igreja e todas as implicações resultantes de um trabalho de evangelização desenvolvido na cidade. Além disso, observe a importância da liderança e suas implicações. O trabalho evangelístico na igreja acontece a partir de líderes comprometidos. Vimos quais são as pessoas que chegam às igrejas, e qual o perfil deles. Quando você entender o grupo a ser alcançado, será muito mais efetivo no trabalho evangelístico. A ideia principal da liderança e ajudar as pessoas a desempenharem ao máximo seu potencial, essa frase resume todo o capítulo.

Atividades de autoavaliação

1. As seguintes características descrevem o apóstolo Paulo:
    a) Seu nome era Simão Cireneu e era discípulo de Jesus, tendo exercido cargos de importância na igreja cristã primitiva, com o de Patriarca de Jerusalém.
    b) Seu nome era Saulo de Tarso, foi educado entre os fariseus e se converteu no deserto de Damasco. Foi o maior missionário.
    c) Seu nome era Estêvão e foi o primeiro mártir da igreja cristã. Não se sabe muito sobre sua vida, já que era monge eremita.
    d) Tinha origem essênia e passou anos no deserto escrevendo a Septuaginta.

2. A conversão de Paulo foi:
   a) Muito lenta. Ocorreu entre os anos de 28 d.C. e 47 d.C, enquanto o apóstolo se dedicava a escrever cartas aos discípulos de Jesus, tentando ser aceito.
   b) Durou dois meses e ocorreu durante o Concílio de Jerusalém.
   c) Muito rápida quase ao chegar a Damasco, onde iria prender cristãos, quando viu uma luz muito forte que o cegou e a voz de Cristo perguntando-lhe: "Saulo, Saulo, por que me persegues?". Então, foi batizado e deixou de perseguir cristãos para ser o maior divulgador de Cristo.
   d) Só ocorreu quando ele foi preso em Roma, ao ser condenado e encontrar-se com Cristo.

3. A missão de Paulo foi composta por:
   a) Uma viagem até Roma, quando se encontrou com Jesus.
   b) Duas viagens, a Roma e Antioquia, onde fundou igreja e fixou residência.
   c) Três viagens missionárias e uma para o julgamento em Roma, pela Europa e Ásia Menor, fundando 52 igrejas e definindo a doutrina da cristandade nascente.
   d) Doze viagens, cada uma para visitar um dos discípulos, em busca do reconhecimento como Patriarca de Antioquia.

4. A principal motivação missionária de Paulo é, segundo Lopes (1997):
   a) Suas convicções teológicas, a chegada dos últimos dias, e a instauração plena das promessas de Deus pela igreja de Cristo.
   b) A perseguição que sofria por ter sido perseguidor de cristão e ter abandonado os romanos.
   c) A necessidade de fugir dos judeus, que queriam apedrejá-lo e também dos romanos, que queriam crucificá-lo.

d) Seguir os passos de Cristo, por onde ele tivesse andado. Assim, ele passou apenas pela Galileia e Judeia.

5. As estratégias de Paulo, segundo Oliveira (2003), incluem, além das citadas por outros teólogos:
   a) A fixação de sua base em Roma, o envio de mensageiros a todo o mundo para divulgarem a igreja, a pregação apenas no Templo de Jerusalém e o apego aos costumes judaicos.
   b) O reconhecimento das lideranças tradicionais dos saduceus, a aliança com os essênios e a expulsão de todos os fariseus da cidade.
   c) A doutrina derivada dos zelotes, o aprendizado dentro de monastérios, as lideranças nomeadas sempre de fora das comunidades, a regra de divulgar Cristo apenas para os iniciados.
   d) O uso do poder do Espírito Santo, a plantação de igrejas, formação de lideranças na comunidade, contextualização missiológica e o apoio da igreja de Antioquia.

Atividades de aprendizagem

Questões para reflexão

1. Como era a relação de Paulo com os irmãos das diferentes cidades nas quais estabeleceu igrejas?
2. Como deve ser a relação da igreja com a comunidade?
3. Quais eram as principais motivações do apóstolo Paulo?

4. Comente sobre a pregação do Evangelho no poder do Espírito Santo.
5. Cite quais são os passos apresentados para escolher líderes.

Atividade aplicada: prática

Procure na sua igreja se há ou houve missionários em visita. Se houver, procure marcar uma entrevista para debater os exemplos de Paulo e suas estratégias missionárias. Pergunte particularmente como o exemplo de Paulo inspira sua missão.

capítulo quatro

Ação pastoral com os pobres na cidade[1]

1 Todas as passagens bíblicas indicadas neste capítulo são citações de Bíblia (2002).

04

Uma experiência bíblica importante ocorreu quando Paulo e Barnabé foram até aos apóstolos em Jerusalém pedir permissão para que Paulo pudesse pregar o evangelho aos gentios, no chamado Concílio de Jerusalém, em que se definiram os critérios para aceitação dos povos estrangeiros no seio da cristandade nascente. Então, é marcante uma observação feita por Tiago, irmão do Senhor: "Não se esqueça dos pobres". Nesse capítulo, veremos o que é ser pobre, a realidade da pobreza e o compromisso da igreja da cidade com os pobres.

Para se ter uma ideia da dimensão do problema, dados oficiais do Ministério de Desenvolvimento e de Combate à Fome, em 2011 existiam no Brasil cerca de "16,27 milhões de pessoas em condição de 'extrema pobreza', ou seja, com uma renda familiar mensal abaixo dos R$70,00 por pessoa. Vale lembrar que ultrapassar esse valor não significa abandonar a pobreza por completo, mas somente a pobreza extrema" (Pena, 2017).

O *site* da Organização das Nações Unidas traz dados sobre a melhora que ocorreu entre 2004 e 2013 na situação dessas pessoas: "Entre 2004 e 2013, os índices de pobreza no país caíram de 20% para 9% da população e de 7% para 4% no caso da pobreza extrema. No entanto, os principais aspectos ou perfis da pobreza continuam os mesmos: ela está mais presente no meio rural e nas regiões Norte e Nordeste do Brasil" (ONU, 2016). Dados mais atuais, como os de desemprego (12% dos trabalhadores desempregados, 12,3 milhões de pessoas, segundo Agência Estado, 2017) e queda de renda média do trabalhador (Silveira, 2016), nos fazem crer que esses índices voltaram a aumentar desde então.

4.1 Conceituação da pobreza

O crescente processo de urbanização das últimas décadas acarretou vários fatores consequentes, que agravaram a questão da pobreza. Os pobres nas cidades se tornaram uma realidade mundial. Pensando na cidade do Rio de Janeiro, um quarto da população vive em comunidades são mais de 2 milhões de moradores, segundo pesquisa do Data Favela (Mello, 2014), as antigas favelas, provocando a convivência com o lixo, o tráfico de drogas, a prostituição, os assassinatos. Os jovens e adolescentes entram por esse caminho como uma forma de ganhar dinheiro sem estudar e, consequentemente, a expectativa de vida diminui e a pobreza vai acentuando nos bolsões de miséria das cidades.

São já bem conhecidos os atributos que determinam uma situação de pobreza. A definição mais científica, reconhecida pela ONU, baseia-se na chamada *linha de pobreza*, definida pelo Banco Mundial, em 2015, como a pessoa que vive com menos de US$ 1,90 por dia. Em reais, esse valor é equivalente a cerca de R$ 6,00 (Letra, 2015).

Já no *Relatório brasileiro sobre o desenvolvimento social*, de 1995, o Ministério das Relações Exteriores destacava algumas características da pobreza brasileira:

> *baixo nível educacional (que somente possibilita o acesso a postos de trabalho de baixa produtividade e remuneração e que exigem pouca ou nenhuma qualificação); características do chefe de família (famílias chefiadas por mulheres são particularmente vulneráveis à pobreza, o mesmo ocorrendo quando os chefes são pardos ou pretos, para não falar do fator idade, diante da alta seletividade do mercado de trabalho a favor dos mais jovens); tamanho e estrutura da família (famílias numerosas, com crianças menores de 10 anos de idade); e local de residência (rural/urbano e regional).* (Lampreia, 1995, p. 21)

Quando um cristão começa a se relacionar com Deus, ele passa a sentir a necessidade dos carentes e oprimidos. Jesus disse: "Em verdade vos digo: cada vez que o fizestes [dar de comer ou de beber] a um desses meus irmãos mais pequeninos, a mim o fizestes" (Mateus, 25: 35). Nessa passagem, fica clara a opção de Cristo pela caridade em relação aos mais necessitados.

4.2 A pobreza e a indigência

A realidade da pobreza e da indigência é inegável, não há como anular todo o preconceito desenvolvido pela sociedade em relação aos desfavorecidos, evidenciado no racismo e na exploração. O pior de tudo isso são os efeitos nas crianças e a juventude de modo geral. Outra parcela da população que se apresenta como uma grande realidade visível no contexto atual são os indigentes. Eles eram, em 2001, cerca de 50 milhões de pessoas (Gois; Escóssia, 2001), chegando, com a redução na década seguinte, a:

> "Acabar com a pobreza extrema e com a fome", tornando-se referência internacional em relação ao assunto. Isso porque, enquanto o mundo conseguiu reduzir a pobreza extrema pela metade – de 47%, em 1990, para 22%, em 2012 – o Brasil, no mesmo período, erradicou a fome e fez com que a população extremamente pobre do País caísse para menos de um sétimo do registrado em 1990 (de 25,5% para 3,5% em 2012).
> (Portal Brasil, 2015)

Podemos tomar como indigentes aqueles que não têm escolaridade, profissão, moradia, família, documentos e vivem errantes pelos diversos pontos da cidade. Geralmente são frutos de uma história triste, um drama familiar, morte trágica de parente ou problemas psicológicos. No Brasil, segundo a ONU, existem entre 15 e 30 pessoas a cada 100 em estado de completa pobreza. Os cristãos não podem se distanciar dos problemas do Brasil, a fé cristã deve ser acompanhada de obras e participação social no país onde estiverem inseridos. Um dos grandes desafios da humanidade para este milênio é "Pão para quem tem fome". Esse foi o lema da Campanha da Fraternidade da CNBB – Conferência Nacional dos Bispos do Brasil, da Igreja Católica, em 1985. No entanto, vemos ainda a atualidade desse tema. Com vistas à formulação de um programa de segurança alimentar, foi elaborado um estudo que desenha o mapa da fome no Brasil. Embora exista controvérsia quanto à magnitude do problema, o documento indica que a distribuição dessas pessoas também obedece ao padrão regional que vem sendo assinalado, sendo boa parte habitantes do Nordeste e do Sudeste. As necessidades estão muito visíveis.

Tomemos como exemplo o que se vive no estado do Ceará. Lá, 130 dos 185 municípios têm renda *per capita* menor que a encontrada em cidades de Burkina Faso, um dos países mais pobres da África. Por essas diferenças é que achamos interessante uma mudança na sistematização e classificação de dados sobre qualidade de vida na América Latina e no Caribe. Só assim seria possível identificar os bolsões de pobreza e promover o reequilíbrio nacional.

A forma como está sendo identificada a pobreza no contexto latino-americano fica comprometida por influência de interesses políticos e assim alguns dos países e regiões apresentam um quadro que não é exatamente real. Resolver o problema da miséria começa na assistência ao miserável: ele precisa entender sua situação e, ao mesmo tempo, receber capacitação necessária para sair da estagnação existencial em que se encontra.

Por outro lado, também existem pessoas que se aproveitam da miséria e da desgraça alheia, usam as tragédias e as necessidades dos pobres para se promoverem e tirarem algum tipo de vantagem. O profissional da miséria lembra o urubu da caatinga. O urubu se alimenta da seca, da doença, da fome dos outros. O urubu-profissional não só se alimenta da desgraça alheia, como a promove. Devemos respeitar a pobreza, tratar os pobres com dignidade, e essa é a lição de Cristo. John Stott menciona: A pobreza deve sempre incomodar, nunca se pode estar conformado com a pobreza". O Pacto de Lausanne, o mais representativo movimento cristão protestante do último século, apresenta a seguinte afirmação a respeito da pobreza:

> *Afirmamos que Deus é o Criador e o Juiz de todos os homens. Portanto, devemos partilhar o seu interesse pela justiça e pela conciliação em toda a sociedade humana, e pela libertação dos homens de todo tipo de opressão. Porque a humanidade foi feita à imagem de Deus, toda pessoa, sem distinção de raça, religião, cor, cultura, classe social, sexo ou idade possui uma dignidade intrínseca em razão da qual deve ser respeitada e servida, e não explorada.* (Pacto de Lausanne, 1974, p. 3)

Deus tem interesse em se revelar a todos, independentemente de sua condição social, raça, sexo ou cor. Quando pensamos nos menos favorecidos, devemos ter em mente o que podemos fazer para ajudar. Esse é o contexto latino-americano: um continente com aproximadamente 500 milhões de habitantes, sendo em torno de 70% pobres.

Ao pensarmos no Brasil, devemos levar em conta algumas questões: Será que existe solução? A base dessa questão está na ignorância do indivíduo, que não tem formação e está fragilizado. Assim, a pessoa está aberta à corrupção, à prostituição, à drogadição e a desigualdade se acentua. Uma das formas mais eficazes para rebater o problema caótico da pobreza está na educação e profissionalização do cidadão.

Em geral, políticas compensatórias, como a doação de cestas básicas ou a política de renda mínima, são muito boas para aliviar os efeitos de pobreza, mas ineficazes na solução do problema. Notemos que essas políticas são muito importantes: ninguém pode dizer que não se deve entregar cestas básicas ou garantir renda mínima a pessoas passando fome. Porém, não é daí que sairá qualquer medida mais profunda. Aliás, o próprio custo desse tipo de programa é objeto de muita controvérsia.

O pobre precisa ser liberto da pobreza, e só pode ser libertado por meio da educação, uma pessoa com educação tem menos chance de ser pobre. Vejamos alguns números retirados de uma pesquisa do Instituto de Pesquisa Econômica Aplicada (Ipea):

> *Uma pessoa com apenas um ano de escolaridade tem 75% de possibilidade de ser pobre. Esse percentual cai para 62% se a mesma pessoa tiver entre um e quatro anos de estudo; para 41% se tiver estudado de quatro a oito anos e para 20% se tiver estudado entre oito e doze anos. Para quem tem mais escolaridade, a pesquisa demonstra que a probabilidade*

de ser pobre diminui para 2%, o que vem provar que uma boa educação quase que exterminaria a pobreza. (Costa, 2004, p. 40)

Quando a mensagem do evangelho de Jesus Cristo alcança o indivíduo em situação de pobreza, a possibilidade de mudança ocorre, "conhecereis a verdade e a verdade vos libertará" (João, 8: 32). A verdade conduz o cidadão para a justiça com o do conhecimento e o esclarecimento do povo, as possiblidades de mudança e crescimento se tornam uma realidade. Não podemos negligenciar de forma nenhuma as necessidades de nosso povo. Ao povo pobre, inculto, com fracos valores éticos e morais, a palavra de Deus deve servir de guia e orientação para as diversas sociedades desenvolvidas no contexto latino americano. Muitas vezes a mensagem do Evangelho chega até esses povos com uma forte ênfase ufanista e como uma solução humana. Porém, devemos ultrapassar o assistencialismo; o problema não pode ser tratado de maneira superficial, ajudar ao necessitado é uma obrigação. Urge discernir para não se enganar. Precisamos ensinar aos carentes como eles podem encontrar caminhos que os ajudarão a sair da miséria.

4.3 Os pobres precisam ser considerados

As questões relativas à pobreza não podem passar desapercebidas por aqueles que buscam a Deus. Jesus atendeu as necessidades do seu povo, com comida, cura, alento, conforto etc. Jesus não inventou as necessidades do povo, trabalhou com as carências de sua época. Aqueles que passam fome precisam ao mesmo tempo de comida e também alento para sua dor ou tristeza do presente. Não podemos apenas enfocar o porvir; a mensagem do Reino deve ser para a construção de um projeto de vida, com orientações sobre o que se deve fazer hoje para remediar sua situação.

A população destituída, depauperada e subnutrida do mundo introduz-se no contexto da evangelização, pois o mesmo Pacto de Lausanne declara que não podemos esperar atingir a evangelização mundial sem sacrifício. Estamos todos assustados com a pobreza, isto é, com o enorme número de pessoas que não têm o que comer, cujo teto e vestuário são penosamente inadequados e cujas oportunidades de educação, de emprego e de assistência médica são mínimas. Todo cristão sensível deve sentir-se chocado com essa situação e nunca se acostumar tanto com ela a ponto de nada fazer em vista dela.

A solução para a pobreza não está no discurso, mas na ação, na busca por alternativas de Deus para socorrer aqueles que verdadeiramente estão necessitados. Não podemos nos acostumar com a pobreza. Sempre que nos deparamos com uma situação crítica, devemos estar preparados para nos posicionar.

Para atuar nesse contexto, devemos abrir mão de comodidades. As necessidades são maiores do que as regalias. Precisamos acreditar que podemos ajudar, precisamos viver essa ajuda. Nessa tarefa, o pobre, o excluído, apresenta-se como verdadeiro critério. As ações pastorais da igreja, em resposta ao projeto da modernidade e pós-modernidade, devem se nortear pelas exigências humanas e evangélicas dos pobres, pois, quando se desenvolve um relacionamento genuíno com Deus, isso contagia a todos a levar a igreja a exercer uma função muito especial nesse contexto de pobreza.

Na vida da igreja, a generosidade se orienta, pelo menos, por quatro princípios, que pressupõem a noção do corpo. O princípio da igualdade: Deus quer que todos os seus filhos, que têm acesso à mesma graça, tenham o suficiente ou o necessário. No corpo de Cristo há um nivelamento tanto de privilégios quanto de responsabilidades (II Coríntios, 8: 1; 13; 15). Devemos seguir o princípio da mutualidade: Não há autossuficiência no corpo de Cristo. O dar e o receber de dons ou de dádivas são uma das marcas fundamentais da vida do corpo de Cristo. Via de regra, quem dá é também quem mais recebe. O princípio da responsabilidade: Onde há maturidade espiritual, poder contribuir é sentido como um privilégio (II Coríntios, 8: 9). O Princípio da proporcionalidade. Somos responsáveis a partir do que recebemos de Deus. (II Coríntios, 9: 6-7)

A generosidade faz parte de Cristo e percebemos em todas as atividades ministeriais sua disposição para ajudar, dar, sacrificar algum valor pessoal; devemos ser reflexo da vida de Cristo e o espírito de generosidade deve permear todas atividades da igreja. Perante Deus, os homens são todos iguais. Deus não os trata com preconceitos. Deus ama a todos e todos os que obedecem a Ele recebem seus favores. Até mesmo os desobedientes são favorecidos pelas obras de Deus, com o sol, a chuva etc. Todos têm a opção de uma vida melhor por meio de Cristo. Mesmo não sendo uma vida farta aqui na terra, a esperança do céu faz uma grande diferença numa perspectiva existencial. Podemos afirmar que existem pobres ricos, pessoas que muitas vezes vivem em uma situação de vida caótica, mas espiritualmente certos da vida eterna com Deus, onde todas essas dificuldades serão superadas.

Quando o corpo é maduro e vive de acordo com as Escrituras, o dar se torna um privilégio, não um sacrifício. Para muitos, a contribuição é apenas uma obrigação. Podem não dizer, mas, em outras palavras, estão tentando comprar os favores de Deus. A contribuição reflete o caráter de Jesus e vários serão favorecidos com essa dinâmica de vida da igreja haverá ajuda mútua.

A pergunta que se impõe é simples: Qual a missão da igreja numa sociedade de contrastes tão marcantes? Admitindo-se a inviabilidade de uma postura fatalista, isto é, que Deus é responsável pela presença dos pobres entre nós, sobram três abordagens, que são complementares. Primeira: a igreja deve viver e proclamar a redenção de Deus em Cristo, pelo poder do Espírito Santo. A nova sociedade depende de novos homens. Segunda: a igreja pode ser parte importante da consciência nacional, com uma visão cristã da sociedade humana em que se busca a superação de todas injustiças geradoras de miséria. Terceira: a igreja pode e deve fazer alguma coisa de concreto, enquanto sonha com uma sociedade mais marcada pelos ideais do Reino de Deus, ainda que o realismo bíblico exija que se leve a sério o poder do pecado e do mal na sociedade humana. À igreja cabe viver e proclamar o evangelho. É isto que o novo testamento chama de *fazer o bem*.

O evangelho se apresenta como a grande esperança para uma população depauperada e com fome, no sentido de dar direção para a vida, esperança em Cristo que salva e ajuda o indivíduo a consertar suas dificuldades existenciais e ao mesmo tempo apresenta caminhos que devem ser seguidos por alguém que pretende ter uma vida digna e conseguir sobreviver as necessidades de uma geração carente, pobre e excluída.

4.4 A ação pastoral e o desenvolvimento comunitário

A sociedade em que vivemos no continente latino-americano é a sociedade dos capitalistas e dos dependentes, em que a maioria do povo se vê privada dos bens e serviços básicos para a vida. É a sociedade do desemprego, da dívida externa e da corrupção, o que deixa nossos países sem dinheiro para a saúde e para a educação, e também onde estão morrendo nossas crianças. Nesse continente e nessa sociedade, somos chamados a viver e a nos adaptarmos à realidade do nosso tempo. Mas, como responder a isso? Como identificar-nos com este mundo, com esta sociedade, sem perder nossa identidade cristã?

É tempo, portanto, de nos voltarmos para a ordem de Jesus, que disse: "A paz esteja convosco! Como o Pai me enviou, eu também vos envio" (João, 20: 21). Jesus coloca-se como modelo para a igreja. Missão é "tudo aquilo que a igreja foi enviada a fazer no mundo"! Missão é, pois, um ato de obediência ao chamado de Jesus Cristo para ir a todos os lugares, em todo o tempo, a fim de anunciar todo o Evangelho a todas as pessoas e a todo ser humano, no contexto global de toda a sua comunidade.

A ação da igreja está estreitamente ligada ao Reino de Deus. O Reino de Deus não é apenas uma coisa futura, de dimensão escatológica. O Reino é um **já** e um **ainda não**. O Reino aponta para a totalidade e para **tudo em todos.**

Para viver uma vida de serviço, temos de ter uma proposta, resultado do arrependimento, e o convite à mudança, com opções que nos levem a ter posições que incomodem e que não reproduzam o sistema de dominação e dependência que está aí. Portanto, é preciso pensar em formas alternativas de ação, com desenvolvimento comunitário integral à maneira de Jesus e de sua missão: com dinamismo e justiça, curando enfermos, expulsando demônios, restaurando a natureza, e a comunidade, bem como denunciando estruturas injustas e corruptas, reconciliando irmãos e lutando a favor dos direitos dos mais pobres, dos meninos e meninas de rua, dos indígenas, dos sem-terra e dos sem-teto, das mulheres discriminadas e de outros inúmeros grupos colocados à margem da sociedade.

O evangelho de Jesus não nos deixa conformar-nos: nossa missão é **transformar este mundo.**

4.5 Desenvolvimento comunitário integral

O conceito do desenvolvimento comunitário é fundamental para uma ação pastoral na cidade. Essa expressão tem sido usada desde o ano de 1950 como uma das alternativas sociais para ajudar a mudar o quadro de miserabilidade dos grandes centros urbanos. Assim, nos propomos a debater esse conceito e sua aplicabilidade na nossa análise da sociedade atual.

4.5.1 Contribuições bíblicas para uma proposta de desenvolvimento comunitário integral

Compreendemos, sem dúvida, que cumprir o mandamento de Deus de ser o sal da terra e a luz do mundo requer também integrar-se na luta em favor de um mundo menos cruel e injusto, com estruturas menos pecaminosas e menos opressoras. Por conseguinte, o desenvolvimento comunitário pode ser para nós um excelente instrumento de mudança para a situação vigente, ao encarar a complexidade dos problemas humanos sob uma análise integral, ou seja, o desenvolvimento comunitário como algo que considere o ser humano de maneira holística (integral) e completamente envolvido na sociedade da qual faz parte. Esse desenvolvimento se produz tão intensamente que, se quiser beneficiar o indivíduo de maneira efetiva e real, tem que promover a comunidade inteira.

Na Bíblia, encontramos alguns pontos que consideramos fundamentais para a formulação de um pensamento orientador da prática, que deve orientar uma ação consciente e comprometida, cheia de sentido, com base científica e subordinada ao Senhor.

4.5.2 Fundamentos do desenvolvimento comunitário integral

Criação e mordomia: O ser humano, imagem de Deus, tem o direito-dever de administrar o mundo, não como proprietário, pois "ao Senhor pertence a terra e tudo o que nela se contém" (Salmos, 24:1), mas como mordomo. Se esse direito-dever foi dado a Adão, isso significa que o direito sobre a terra é, como consequência, responsabilidade de todos nós.

Homem e trabalho: O trabalho é a cooperação do ser humano na obra de Deus. Por meio dele, são demonstrados os dons que Deus deu, revela quem os deu, e por meio do trabalho realiza seus ideais criativos. No Antigo Testamento, todos tinham acesso à terra para plantar. Trabalhava-se em pequenos grupos. A cooperação e a divisão do trabalho eram essenciais para a continuidade desses grupos.

A distribuição dos bens: A justa distribuição dos bens é fator essencial para que todos tenham suas necessidades fundamentais supridas e estejam sempre sujeitos ao Senhor. (I Timóteo, 6:18)

Estado ou governo: O texto por excelência para qualquer estudo desse assunto na Bíblia é Romanos, 13: 1-7, em que as autoridades são definidas como "ministros de Deus, atendendo constantemente a este serviço" (Romanos, 13: 6). Por isso, o governo tem o objetivo de fazer frente à anarquia e à desordem. Jeremias, Ester, Neemias e Daniel aceitavam as autoridades como instrumento de Deus, embora essas pessoas, em seu interior, fossem rebeldes ao Senhor. Jesus reconheceu o poder de César e de Pilatos, e Paulo apelou para César em seu julgamento (Atos, 25: 11). O dever do Estado é, portanto, proteger a sociedade contra as anarquias, criar justiça para os cidadãos, suprir as carências do povo com bens e serviços necessários. O chefe de Estado deve julgar o seu povo com justiça e tratar as aflições deste com igualdade, bem como julgar as angústias do povo e destruir a opressão. Atualmente, o Estado precisa recobrar o seu verdadeiro papel, ou seja, o papel de ministro de Deus para o sustento da sociedade e também da natureza.

4.6 Princípios para o desenvolvimento comunitário integral

A partir do que estudamos anteriormente, podemos extrair princípios para nossa utilização imediata, os quais estão descritos a seguir.

Precisamos praticar a solidariedade – O objetivo do desenvolvimento comunitário é principalmente que o indivíduo se sinta responsável, capaz de alterar a história de sua vida. Sozinho, porém, ele não conseguirá lutar contra os conglomerados financeiros e multinacionais.

É preciso que pratiquemos a justiça e o amor – Devemos evitar, ao máximo possível, projetos que criem dependência. O que se deseja é a promoção do ser humano e da comunidade, e não simplesmente a satisfação temporária de uma necessidade ou o alívio do sentimento de culpa que se percebe em algumas pessoas que, mesmo que não estejam conscientes disso, se sentem corresponsáveis pela miséria urgente.

Precisamos vivenciar a participação, o serviço e a liberdade – É preciso perceber também as necessidades para os grupos urbanos e para os grupos rurais. Se nas áreas rurais o problema está na posse da terra, da água, da semente e na comercialização da produção, nas áreas urbanas ocorrem a escassez de emprego, as condições precárias de vida, a falta de saneamento básico, a violência urbana, o menor abandonado e a prostituição, entre outros.

É importante ressaltar que a população urbana representa 76,2% do total do Brasil. Portanto, nossa preocupação deve abranger também, e principalmente, aqueles que vivem na cidade. O problema urbano representa um dos maiores desafios que a sociedade contemporânea enfrenta, e só com a participação de todos é que se pode esperar que tal situação melhore.

É necessário que vivamos a liberdade, a misericórdia, a esperança e o amor – A organização do projeto e os rumos a tomar representam um sério problema. O capitalismo tem evidenciado sua incapacidade de satisfazer a todos os indivíduos. Quanto ao socialismo, com sua visão excessivamente coletiva, falta o respeito ao indivíduo e à sua vontade. Logo, o ideal parece ser o médio prazo, tanto em termos humanos como em possibilidades de aplicação e viabilidade econômica. Assim, a pequena empresa caseira, a indústria familiar das hortas caseiras, a produção artesanal das populações, as associações de carpinteiros são iniciativas que devem receber apoio e fomento, dando a todos a oportunidade de decisão e participação nos ganhos e lucros de cada grupo.

Precisamos viver a justiça e a misericórdia – A comunidade deve ser capaz de usar seus membros menos capazes, tomando-os úteis dentro de suas possibilidades e participantes do processo de desenvolvimento. Só os totalmente incapazes não podem participar do processo. Nesse caso, a sociedade deve prover para sua subsistência.

Precisamos clamar por justiça e também praticá-la – As comunidades em processo de desenvolvimento devem apelar para o Estado, pois é seu dever colaborar no progresso de seus cidadãos. Os serviços de saúde, educação e transporte são direitos da comunidade. Quando o Estado não cumpre sua obrigação e quando há canalização de recursos para projetos que beneficiam somente os grupos mais privilegiados, a sociedade tem o direito de protestar, assim como o cristão temo dever profético de denunciar essa transgressão. A igreja tem a obrigação de recobrar sua vocação profética.

É necessário viver a esperança, o amor e a liberdade – A fé cristã se consolida na prática e nas atividades que comprovam o que acreditamos; o Evangelho do Reino vem acompanhado da misericórdia e solidariedade. Não podemos tratar com negligência o anúncio do Evangelho do Reino e a pregação da Palavra de Deus, sem os quais nosso trabalho é vão.

Devemos viver o serviço e o amor – Os intelectuais e os outros colaboradores no processo de desenvolvimento comunitário devem estar conscientes do perigo (ao qual vivem constantemente expostos) de transmitir a ideologia de dominação de classe àquelas pessoas para cuja promoção afirma querer contribuir. Quando um grupo se torna dependente de nossa orientação teórica e metodológica, aí o estamos privando de autonomia a comunidade, impedindo-a de caminhar sobre suas próprias pernas. De igual modo, quando o ponto central do problema não é explicitado por todos, existe o perigo de que a comunidade desenvolva uma imagem equivocada de si mesma e inclusive da realidade que a circunda, o que compromete seriamente toda a capacidade crítica ao movimento.

4.7 Passos metodológicos

Não poderíamos deixar de considerar, aqui, os passos metodológicos que mostram **como** caminhar no processo de desenvolvimento integral da comunidade. Embora seja algo muito familiar a todos os profissionais das ciências sociais e principalmente aos do serviço social, esses passos não fazem parte do cotidiano dos leigos que normalmente atuam em projetos de desenvolvimento em nossas igrejas. Eles não são passos independentes: fazem parte de um todo e complementam-se entre si.

O primeiro passo não é fazer, mas observar, conhecer as pessoas e seu dia a dia, além de definir a área em que pretendemos atuar. Por exemplo: estabelecer com antecedência alguns critérios que demonstrem a necessidade da área que deve ser trabalhada; conversar informalmente com as pessoas, procurando entendê-las.

O segundo passo é mergulhar na vida das pessoas ou da comunidade; é o que alguns chamam de *identificação*. É colocar-se no lugar delas e ver o mundo desde o seu ponto de vista. Nessa fase podem-se realizar entrevistas e elaborar questionários. Não estamos falando aqui de entrevistas e questionários "frios", mas de participação da população, por exemplo, na própria confecção desses questionários. Isso nos dará uma compreensão mais real dos problemas da comunidade. Quando se está trabalhando em zonas rurais ou em bairros da periferia, onde a maioria das pessoas não sabe ler nem escrever, podem-se elaborar questionários com desenhos ou figuras, que são mais fáceis de entender.

Um terceiro passo é descobrir os grupos com os quais podemos trabalhar. Descobrir pessoas dispostas a trabalhar juntas, a distribuir responsabilidades, a decidir juntas. É importante que a equipe seja composta das mais diversas categorias sociais.

O quarto passo é perceber as necessidades reais da localidade, sentindo as possibilidades que as pessoas têm de melhorar a sua vida por si mesmas e de participar ativa e responsavelmente nos esquemas de sua localidade e de seu país. Um dos instrumentos que podemos utilizar nessa fase é a reunião em comunidade. Nas reuniões, as pessoas expressam seus pensamentos, seus interesses e suas necessidades. Para que as reuniões sejam produtivas, devem-se considerar aspectos como datas fixadas com antecedência, agenda, informações objetivas, funções bem distribuídas, tempo limitado e técnicas adequadas. As reuniões devem ser realizadas de acordo com as necessidades do grupo e não simplesmente para cumprir uma rotina. Nessas ocasiões, pode-se refletir sobre os dados colhidos formal e informalmente, estudar e planejar as atividades junto com a população. No início, pode ser que as reuniões não sejam muito produtivas; mas com o decorrer do trabalho, o nível de participação irá crescendo.

O quinto passo é a articulação com grupos locais, isto é, a interação com outras agências que estejam desenvolvendo trabalhos similares na comunidade. Além de sua igreja, existem centros sociais do governo, do município, de paróquias, que podem estar preocupados com os problemas das pessoas mais pobres. É interessante realizar reuniões com tais grupos e colaborar com sugestões para o estudo dos problemas da área.

Um sexto passo é considerar a população como protagonista ou agente de suas mudanças e não só como espectadora ou objeto. As pessoas, a comunidade, é que decidem sobre as mudanças que devem ser realizadas. Ao empreender um trabalho comunitário, devemos questionar nosso papel junto às pessoas, junto às famílias ou junto à comunidade e perguntar-nos se o projeto conta com a participação delas, se atende aos seus interesses ou aos interesses de alguns líderes da igreja ou de alguma outra instituição.

Para a realização de qualquer projeto, precisamos de recursos humanos, financeiros e materiais. Quanto aos recursos humanos, é bastante significativo o uso de **mutirões** como uma forma comunitária de trabalho. É um sistema barato, que proporciona maior inter-relação entre as pessoas e possibilita o desenvolvimento e o compromisso. Devem-se formar comissões ou equipes de trabalho, conforme os interesses e necessidades do projeto. Quanto aos recursos financeiros e materiais, podem ser obtidos através das próprias famílias, ou então de fora, através de instituições governamentais ou particulares (as chamadas OGs e ONGs).

O sétimo passo é o acompanhamento e avaliação do desenvolvimento do trabalho que é levado a cabo pelo agente social cristão e pelas pessoas da comunidade envolvidas. Esse acompanhamento e as avaliações são contínuos. Estas últimas, para serem mais proveitosas, podem conter as seguintes perguntas:

- Quais são as dificuldades encontradas?
- Quais são as causas dessas dificuldades?
- Como foi o desempenho da equipe, da população, da instituição (igreja)?
- Quais são as sugestões para a reformulação do trabalho com a população?

4.8 Desafios que demandam soluções

Vejamos, agora, os desafios propostos pela realidade atual e que podemos enfrentar sempre com a experiência pastoral e urbana em mente.

- **O desafio da realidade latino-americana** com sua história de dominação, opressão, dependência e suas intermináveis crises políticas, econômicas e sociais, somadas à dívida pública, os cinturões de miséria das grandes cidades e a corrupção administrativa pública e privada, que compõem o panorama desolador de nosso continente.

- **O desafio de uma igreja que possa entender** seu lugar na sociedade e na comunidade e sua participação na construção de uma nova sociedade no mundo em que vive.

A pergunta é: como poderia a igreja desempenhar seu papel na transformação da realidade usando alguns instrumentos do desenvolvimento comunitário? A saúde espiritual da igreja é completa quando tanto as relações verticais como as horizontais são trabalhadas. Portanto, a missão da igreja pode ser considerada integral se ela abranger proclamação, denúncia profética, testemunho pessoal e comunitário, chamado ao arrependimento, à conversão e à integração à igreja cristã, e também participação na luta por uma vida mais justa e mais humana, inspirada no propósito de Deus. "A Igreja, assim como o Senhor Jesus, deve ser uma igreja do caminho e não de gabinete. Não pode permanecer como espectadora da história: tem que descer até onde são travadas as batalhas reais dos homens. Ali se encontram as necessidades, que são o chamado gritante da igreja para que possa cumprir sua missão." O caminho da encarnação é a via que a igreja tem para transformar a realidade. Como comunidade terapêutica, a igreja tem que ser sal e luz na sociedade. São muitas as igrejas e os grupos que têm vivido esta experiência de ser sal e luz na sociedade; no entanto, elas ainda são minorias. Precisamos continuar desafiando as igrejas para que pensem em uma agenda para seu papel na transformação da realidade do nosso continente.

São sugestões para a agenda da mudança:

- Nosso modelo de vida deve ser igual ao de Jesus, pois seu discurso está em harmonia com a prática.
- A igreja deve estar atenta ao seu contexto, deve cumprir seu papel de representar e atender às necessidades das pessoas.

- É importante a formação de líderes que se tornem facilitadores para o desenvolvimento comunitário e que eles estejam vivendo no ambiente comunitário.
- Um trabalho a ser desenvolvido é a integração e a cooperação entre os moradores das comunidades. Integração e conscientização são tarefas cotidianas a serem praticadas pelos facilitadores.
- A realidade da igreja deve ser a participação social, de acordo com os valores do Reino de Deus. A integração e a participação na vida comunitária são ações que despertam esperança na vida das pessoas. Deve-se evitar uma postura catastrófica e promover soluções e iniciativas de transformação.
- Qualquer proposta de trabalho deve obedecer aos princípios do Reino, baseados no amor e fundamentados nos princípios ensinados por Jesus.
- A igreja tem a tarefa de discernir o seu tempo e as marcas que a sociedade apresenta, apresentar os caminhos e os ensinamentos deixados por Jesus, transformando em ações práticas para a comunidade.

Precisamos confessar aqui nossa inteira dependência a Deus, pois a transformação que queremos ver é obra dele, mas é algo que Ele nos dá para administrar. Para isso, o Senhor nos capacita, concedendo-nos seu Espírito para enfrentarmos a desesperança. O ser humano precisa ser restaurado à imagem e semelhança do Deus Criador, através do poder redentor de Jesus Cristo.

Nessa fé e esperança queremos caminhar, comprometidos com a transformação da vida de nosso povo, vivendo e anunciando o Evangelho da justiça para opressores e oprimidos e demonstrando em ação nosso amor para com todos. Afinal nós somos o sal da terra e a luz do mundo.

Síntese

Neste capítulo, foi abordada a questão da pobreza, levando em conta a pobreza na cidade e os diversos fatores que contribuem para que a pobreza se consolide na sociedade. Estudamos a respeito da participação cristã e cidadã, para buscar uma mudança significativa na vida das pessoas e principalmente interagir nos bolsões de pobreza e miséria. Por fim, foi abordada a questão de que a mensagem do Evangelho liberta as pessoas e oferece opções para uma nova vida transformada e com sentido. Procuramos, ainda, respostas às seguintes questões: A respeito dos pobres na cidade, será que existe solução para essa situação e como enfrentar os desafios urbanos? A igreja tem essa responsabilidade em buscar alternativas para ajudar a mudar esse quadro?

Em seguida, estudamos a importância do desenvolvimento comunitário como alternativa para a cidade. É preciso colocá-lo em prática, pois não podemos nos fixar apenas em uma ideologia ou uma filosofia impraticável.

Atividades de autoavaliação

1. A linha de pobreza determina, segundo a ONU (2015):
    a) São pobres as pessoas que vivem com menos de US$ 1,90 por dia, equivalente a cerca de R$ 6,00.
    b) São pobres as pessoas que vivem com menos de R$ 10.000,00 por mês.
    c) São pobres as pessoas que vivem com menos R$ 70,00 por dia.
    d) São pobres as pessoas que têm renda exata de US$ 1,90 por dia, equivalente a cerca de R$ 6,00.

2. São fundamentos bíblicos para um desenvolvimento comunitário integral:
   a) negar esmolas, praticar o egoísmo, trabalhar só para comer e manter o que é seu sem divisão.
   b) criação e mordomia, homem e trabalho, distribuição dos bens, Estado ou governo.
   c) manter os bens, não se dobrar ao pobre que pede por profissão, apegar-se apenas ao ócio e negar o papel do governo.
   d) a Bíblia não tem esse tipo de fundamento, pois não prega para a comunidade.

3. Os princípios para se viver em caridade, no desenvolvimento comunitário integral, são:
   a) praticar a solidariedade, praticar a justiça e o amor, vivenciar a participação, o serviço e a liberdade, viver a liberdade, a misericórdia, a esperança e o amor, viver a justiça, viver a esperança, o amor e a liberdade, viver o serviço e o amor.
   b) negar a solidariedade, implorar a justiça e o amor, esquecer a liberdade, a misericórdia, a esperança e o amor, impor a justiça, viver sem esperança, o amor e a liberdade, esquecer o serviço e o amor.
   c) viver enclausurado em sua casa, sem sair à rua, pois todos estão praticando crimes e os tempos são de pessoas de bem viverem trancadas com os bandidos à solta.
   d) não pensar em solidariedade, sem antes cobrar o que os outros te devem, não viver a liberdade enquanto os bandidos estão soltos, não pensar em justiça, pois todos tentam burlá-la e não pensar no serviço sem que antes o sirvam.

4. A metodologia de desenvolvimento integral da comunidade tem como primeiro passo:
   a) articulação com grupos locais, isto é, a interação com outras agências que estejam desenvolvendo trabalhos similares na comunidade.
   b) perceber as necessidades reais da localidade, sentindo as possibilidades que as pessoas têm de melhorar a sua vida por si mesmas e de participar ativa e responsavelmente nos esquemas de sua localidade e de seu país.
   c) mergulhar na vida das pessoas ou da comunidade; é o que alguns chamam de identificação.
   d) observar, conhecer as pessoas e seu dia a dia, e definir a área em que pretendemos atuar.

5. É uma sugestão para a agenda da mudança do mundo:
   a) Levar sempre seus líderes junto consigo, quando visitar uma comunidade, pois uma igreja tem de ter líderes fixos e sempre nacionais.
   b) Formar lideranças nas comunidades, depois retirá-las do convívio para utilizá-las em outras comunidades. Fora de sua origem, a liderança atua melhor.
   c) Não é importante para uma comunidade ter líderes locais, pois as orientações que valem sempre vêm do líder central e devem ser seguidas, sem levar em conta o contexto da comunidade.
   d) A importância da formação de líderes que se tornem facilitadores para o desenvolvimento comunitário é de suma importância que esses facilitadores estejam vivendo no ambiente comunitário.

Atividades de aprendizagem

Questões para reflexão

1. Qual é o nível de pobreza da região ou do estado que você mora?
2. Qual é a conceituação de pobreza, no seu modo de entender?
3. Explique sobre a classe dos indigentes.
4. No seu ponto de vista, quais os caminhos para a solução.
5. Como relacionar o conceito de desenvolvimento comunitário e a ação pastoral?
6. Cite as contribuições bíblicas a respeito do desenvolvimento comunitário.
7. Quais são os princípios do desenvolvimento comunitário?
8. Cite os passos metodológicos.
9. Cite os desafios que temos diante de nós.

Atividade aplicada: prática

Você conhece um profissional da miséria? Tente conhecê-lo melhor. Converse com ele. Por fim, escreva uma pequena narrativa sobre o profissional da miséria.

capítulo cinco

A espiritualidade na cidade e os fundamentos para um ministério pastoral[1]

[1] Todas as passagens bíblicas indicadas neste capítulo são citações de Bíblia (2002).

05

Neste capítulo, faremos um estudo sobre as cidades atuais e suas características. Veremos que elas são as organizações sociais de base mais prolíficas da atualidade, além de ser um atrativo para a população que se desloca do meio rural. De acordo com as estatísticas, em 1800, apenas 3% da população vivia nas áreas urbanas. Hoje, 70% da população brasileira mora na cidade (conforme, por exemplo, Barroso Filho, 2015, p. 53). Para conceituarmos o mundo moderno, precisamos passar pela cidade. O cidadão da modernidade vive na cidade, depende da cidade, estuda na cidade, pratica religião na cidade.

Relata a ONU:

> *Hoje, 54 por cento da população mundial vive em áreas urbanas, uma proporção que se espera venha a aumentar para 66 por cento em 2050. As projeções mostram que a urbanização associada ao crescimento da*

população mundial poderá trazer mais 2,5 [bilhões] de pessoas para as populações urbanizadas em 2050, com quase 90 por cento do crescimento centrado na Ásia e África, de acordo com o novo relatório das Nações Unidas lançado hoje. A população urbana a nível mundial tem crescido rapidamente passando de 746 milhões em 1950 para 3,9 mil milhões[2] *em 2014. A Ásia, apesar baixo nível de urbanização, aloja 53 por cento da população urbanizada a nível mundial, seguida da Europa com 14 por cento e a América Latina e nas Caraíbas com 13 por cento.*

Espera-se que em 2045 a população urbana a nível mundial ultrapasse os seis [bilhões]. Muito do esperado crescimento urbano terá lugar nos países das regiões em desenvolvimento, particularmente a África. Consequentemente, esses países enfrentarão inúmeros desafios em atender às necessidades do crescimento da população urbana, inclusive para a habitação, para as infraestruturas, transportes, energia e emprego, assim como para os serviços básicos como a educação e os serviços de saúde. (ONU, 2015b)

Estudaremos as causas da urbanização brasileira: Chama-se *urbanização* "o processo pelo qual uma percentagem significativamente importante de uma população urbana se agrupa no espaço, formando aglomerados funcional e socialmente inter-relacionados". Essa definição mostra o que a urbanização deveria ser, mas, na realidade brasileira, ela não alcança esses objetivos de construir aglomerados organizados. Pelo contrário, o processo urbanizatório brasileiro, do ponto de vista social, é desordenado, violento e competitivo.

---

2   O texto da ONU usa o português de Portugal como referência. Os portugueses usam a expressão *mil milhões* para se referirem ao nosso *bilhão*.

Também estudaremos e apresentaremos algumas ações relacionadas aos fundamentos do ministério pastoral que são, de fato, ministérios da comunidade cristã. Tornam-se, porém, fundamentos do ministério do pastor na medida em que ele é a pessoa que tem a responsabilidade de supervisionar, de pastorear a comunidade.

5.1 Como reage o cidadão moderno na cidade?

Por causa do individualismo e da solidão nas grandes cidades, as pessoas tendem a se refugiar em pequenos grupos com interesses afins. A divisão social se estabelece nesses núcleos fechados, que oferecem uma certa proteção contra ameaças de fora. A separação na sociedade perpassa os *shopping centers*, os clubes, as escolas particulares e reflete-se, da mesma maneira, nas igrejas. Podemos encontrar comunidades ricas e pobres. Porém, os espaços onde as duas classes convivem são apenas os eventos de massa, acessíveis para ambas. Dessa forma, não pode haver uma consciência de unidade na população.

Pouco se tem analisado a respeito da espiritualidade na cidade. Nos meios religiosos, a tendência é relacionar a cidade com o pecado. A maldade está na cidade; pressupõe-se que o cidadão que vive na zona rural esteja livre do mal.

5.2 Jesus e a cidade

Jesus percebeu que precisava alcançar o indivíduo em sua realidade existencial. Às vezes, a igreja tem dificuldade em fazer essa leitura na comunidade onde está inserida. Desenvolve um programa que difere totalmente da vida daqueles que pertencem àquele grupo e, com isso, impede o desenvolvimento da espiritualidade das pessoas que formam o corpo de Cristo naquela localidade.

Na cidade, as pessoas sentem-se questionadas pelas outras, o que as obriga a definir sua identidade, e, em primeiro lugar, a dar-se uma identidade consciente. Identidade religiosa, identidade quanto aos valores morais, quanto aos grupos de pertença. Os indivíduos identificam-se pelo seu clube de futebol, pelo tipo de ritmo de vida que preferem levar, pelo grupo de lazer etc. Tornam-se criadores ativos de si próprios. No campo, as pessoas sentiam-se a si próprias como feitas por uma vontade superior (dão-lhe o nome de Deus, orixá, destino etc.). A cidade, de certa forma, obriga o indivíduo a assumir sua própria identidade. Existem vários *slogans* com os dizeres "Orgulho de ser nordestino", "Orgulho de ser brasileiro" etc. Na verdade, são expressões de identidade, pois o indivíduo sente necessidade de se afirmar no contexto em que está inserido. A igreja, neste aspecto, pode exercer papel importante, despertando em seus membros o "orgulho de seguir a Jesus", o "orgulho de não fazer parte do sistema". Com isso, estará instilando os valores do evangelho na vida de seus seguidores.

5.3 O evangelho nas cidades

A problemática se desenvolve sobre as questões relevantes às necessidades desse contexto: Como desenvolver a espiritualidade numa cidade onde o indivíduo gasta boa parte do seu tempo no trânsito, onde trabalha de 12 a 14 horas por dia para sobreviver, onde os salários são baixos e as condições de vida precárias? Podemos pensar e praticar os princípios de Deus no que diz respeito à meditação, leitura da Palavra e contemplação nessas circunstâncias?

A noção de tempo da comunidade cristã é regida pelas leis do campo: o indivíduo tem tempo para levantar cedo, tirar leite, preparar o café, cuidar dos animais etc. O discurso a respeito da espiritualidade urbana passa pelos paradigmas em que o indivíduo tem muito tempo disponível para oração, adoração e louvor. Não pretendemos com isso ser contrários a essas práticas, mas essa chamada tem como objetivo avaliar alguns paradigmas desenvolvidos pela igreja cristã.

No século XXI, vimos o desenvolvimento da megalópole com seus problemas novos de engarrafamento e massificação. Atualmente mais de quinze cidades têm mais de 4 milhões de habitantes. Elas são presas de um movimento de crescimento acelerado, cujos limites não vemos ainda. Até agora não se manifestaram os fatores que poderiam freá-lo. Embora os problemas que têm que enfrentar pareçam cada vez mais insolúveis, o mito do gigantismo parece paralisar todo esforço para controlar o movimento. O mito da maior cidade do mundo atua como ímã.

5.3.1 As crises do cidadão urbano

Mesmo o cidadão cristão, temente a Deus, disposto a obedecer a seu Senhor, tem seus dilemas, crises familiares e existenciais, peculiares ao ser humano. Ele não está isento de passar pelos problemas existentes nas cidades e precisa sobreviver profissionalmente nesse momento de guerra por um emprego.

A pobreza, a indigência, não podemos fugir dessa realidade. A igreja precisa enfrentar a pobreza agindo como Jesus agiu em sua época: indo em busca do necessitado, do aflito e do desamparado. Cristo não fugiu do problema, nem o dissimulou; passou a conviver com os carentes, chamou pessoas que estavam na mesma realidade deles e apresentou uma proposta de vida que mudou o seu povo. As pessoas que fizeram diferença no contexto do Novo Testamento não estavam dentro dos padrões às vezes estabelecidos pela igreja: a mulher samaritana, o endemoninhado gadareno, os leprosos, os cegos, a prostituta, o publicano etc. Pensar sobre isso deve provocar um certo incômodo a respeito da espiritualidade e do trabalho propostos pela igreja contemporânea.

Os intelectuais sustentam a "religião do saber" e os clérigos sustentam a "religião do poder" – poder advindo dos recursos da religião, sustentado pelo pobre que contribui, participa e até compactua com o modelo, por ignorância e falta de informação. Seguindo essa linha, como o cidadão que mora na favela, trabalha a uma distância de três horas de viagem, pode ter uma vida de contemplação? Qual é, na verdade, o equilíbrio para sua espiritualidade? Será que podemos lhe dizer que é preciso temer ao Senhor, ser honesto com sua família, trabalhador, respeitador da mulher alheia? Podemos lhe dizer também que é necessário fazer parte de uma comunidade cristã, onde tenha liberdade para expressar sua fé e desenvolver uma vida de oração de acordo com seu tempo e oportunidades diárias? Será que é errado pensar assim, num contexto tresloucado, como este que vive o cidadão moderno?

Existe uma estranha associação entre o desenvolvimento e a pobreza. O desenvolvimento pode trazer o distanciamento de Deus. Com o crescimento e o progresso, a tendência do cidadão é ficar cada vez mais incrédulo, cínico com a sua própria vida. Como consequência, começa a perder o sentido de sua espiritualidade. Para ele, pensar nas coisas de Deus é só para quando tiver tempo. A tendência é relacionar a religião e a espiritualidade com o oportunismo de alguns, que se julgam espertos e conseguem enganar a muitos. O cidadão urbano enganado está vacinado contra a religião.

Como aquela pobre senhora que vendeu sua casa para dar o dinheiro a uma referida igreja, que dizia: "Quanto mais você der, mais você terá". Consequentemente, a pobre senhora tornou-se uma senhora pobre, ficou na miséria, sem casa, sem esperança e totalmente incrédula no que diz respeito às questões relacionadas a Deus. Cada igreja tem a responsabilidade de assumir sua condição de corresponsável pelo destino de seus cidadãos e de seu povo.

5.3.2 O dia a dia com a violência nas cidades

Geralmente, as cidades turísticas brasileiras, em determinadas épocas do ano, recebem um número significativo de turistas, pessoas de várias partes do Brasil, em busca de diversão e descanso. Num ambiente com essa característica, uma senhora ao volante do seu automóvel esperava com paciência o fluxo do transito, sentada no volante de seu automóvel quando, de repente um rapaz surgiu com uma arma na mão e com voz estridente, obrigando a mulher a lhe entregar a bolsa, e fugiu de forma desesperada em uma moto, guiada por seu cúmplice. Onze horas da manhã. Em um semáforo, num ponto movimentado de uma cidade turística do sul do Brasil, pessoas atravessavam a rua, enquanto os carros parados esperavam sua vez de prosseguir. Uma senhora, ao volante, tranquila, esperava o sinal abrir. De repente, foi surpreendida por um assaltante. Violentamente, de arma em punho, obrigou a mulher a entregar a bolsa e, como que surgindo do nada, apareceu seu cúmplice numa moto. Eles saíram em alta velocidade, ainda apontando a arma para os transeuntes que, estarrecidos, nada podiam fazer.

O Brasil é, hoje, um dos países mais violentos do planeta. Temos uma situação pior que muitas guerras:

O Brasil atingiu a marca recorde de 59.627 mil homicídios em 2014, uma alta de 21,9% em comparação aos 48.909 óbitos registrados em 2003. A média de 29,1 para cada grupo de 100 mil habitantes também é a maior já registrada na história do país, e representa uma alta de 10% em comparação à média de 26,5 registrada em 2004. É o que Atlas da Violência 2016, estudo desenvolvido pelo Instituto de Pesquisa Econômica aplicada (IPEA) e o Fórum Brasileiro de Segurança Pública (FPSP), divulgado nesta terça-feira. A pesquisa ainda revela que jovens negros e com baixa escolaridade são as principais vítimas. No mundo, os homicídios representam cerca de 10% de todas as mortes no mundo, e, em números absolutos, o Brasil lidera a lista desse tipo de crime. (Oliveira, 2016)

A ONU classifica um país como em situação de guerra quando este alcança a taxa de 15 mil homicídios ao ano. Já ultrapassamos esse número há bastante tempo; estamos na marca de 117 homicídios ao dia.

5.3.3 A banalização da violência

De certa forma, a violência urbana tem vencido a luta contra o próprio sistema policial. Os bandidos em determinados setores possuem um armamento mais sofisticado que o da polícia. As pessoas vivem com medo, as casas cada vez mais fortificadas e o cidadão, em desespero e com medo.

O crime tem sido o grande vencedor na batalha contra a polícia: marginais fortemente armados contra uma milícia limitada, mal preparada, com armamentos ultrapassados. Os cidadãos são prisioneiros em suas residências, que foram transformadas em verdadeiras fortalezas: cães ferozes, cerca elétrica, alarmes sofisticados, segurança 24 horas etc. A situação está tão grave que até as delegacias têm sido assaltadas; ora para libertação de presos, ora para roubo de mercadorias apreendidas, ora pelos dois motivos.

Os especialistas em criminalística no Brasil dizem que os crimes relacionados à violência alcançaram um nível de banalidade, devido ao fato de acontecerem de forma sistemática. Uma das maiores autoridades em criminalística no Brasil disse que, atualmente, sequestros, roubos, assassinatos, estupros e assaltos a residências passaram a ser crimes banais, os quais a segurança pública não consegue combater. Tudo isso tem contribuído para a construção do momento em que estamos vivendo: o de maior insegurança que a sociedade brasileira já passou em sua história.

5.3.4 Encarando a violência

Perante a violência, precisamos buscar algumas orientações e basear as pautas a partir de uma pastoral evangélica e bíblica. O cristão não pode se considerar imune ao roubo e aos sintomas de violência das grandes cidades. Diante dessa situação, faremos algumas considerações a respeito do papel ou das responsabilidades da pastoral evangélica. Não podemos ser simplistas a ponto de achar que o cristão está imune a essas situações negativas.

Primeiro, o cristão deve encarar os problemas da cidade em que vive. Cada cidade tem seu perfil, sua história e cultura. As políticas desenvolvidas pelos governantes têm traços peculiares ao contexto em que o cidadão vive. Cabe aos cristãos apresentarem propostas, realizarem os enfrentamentos possíveis e, junto com a comunidade eclesial, desenvolver programas humanitários e sociais. O Evangelho se consolida através do serviço.

Em segundo lugar, as ações cristãs devem partir de uma base comunitária. Cabe aos líderes religiosos tanto cristãos como protestantes deixar de lado a postura executiva e de homens de negócios e destinar suas práticas e posturas para ajudar o povo. A verdadeira religião é cuidar dos pobres, do órfão da viúva e do estrangeiro, sem esquecer-se das criancinhas. As bases para as ações evangélicas devem tomar como exemplo o ministério de Jesus. "Porque não nos pregamos a nós mesmos, mas a Cristo Jesus como Senhor e a nós mesmos como vossos servos, por amor de Jesus."

O terceiro destaque são os homens e mulheres de Deus que exercem a liderança cristã. Eles devem levar em conta o fundamento da abnegação. O chamado vocacional é essencialmente sobrenatural e deve levar em conta uma dedicação sem reservas para obedecer a Deus e cumprir com seus propósitos a favor das pessoas menos favorecidas: "Se alguém quer vir após mim, a sim mesmo se negue, dia a dia tome a sua cruz e siga-me" (Lucas, 9: 23).

Em quarto lugar, a Bíblia é a base para todas as ações cristãs, tanto para a igreja de forma comunitária quanto para o cidadão cristão. As referências básicas para as ações se encontram no texto sagrado (João, 10:14-16; 20:21; 21: 15-17); (Hebreus, 13: 15-16; I Pedro, 2: 5; 9). Paz na terra aos homens de boa vontade, esse é um dos fundamentos cristãos. A mensagem evangelística apresenta a paz; Jesus deu a sua vida para que os seres humanos pudessem experimentar a paz na sua totalidade.

5.3.5 Tarefas e modelos pastorais relevantes e contextualizados

As ações pastorais não devem ser desenvolvidas apenas a partir dos conceitos teológicos. O pastor ou líder religioso tem uma tarefa cidadã, deve identificar as necessidades das pessoas e exercer ou desenvolver ações que sejam práticas e pertinentes. Questões como educação, segurança e cidadania devem fazer parte das pautas pastorais. A tarefa pastoral não tem dimensão apenas teológica:

ela também é política. Em Israel, era o profeta (pastor) quem tinha a responsabilidade de conduzir o povo, e essa é uma tarefa eminentemente política. Ou seja, o profeta em Israel não era condenado por ser político e atuar politicamente como pastor, mas sim por deixar de fazê-lo. Não estamos falando de "politicagem" (conchavos políticos alinhavados a partir da exploração e do sofrimento do outro), mas de ações que visam a articular projetos voltados para a espiritualidade, a educação, a integração familiar, o lazer, o trabalho, a saúde, a segurança e outras áreas do contexto comunitário.

Os modelos pastorais precisam ser revistos. Quando abordamos a questão pastoral, estamos dizendo que a vocação cristã transformada em serviço e sendo exercida por homens e mulheres que exercem liderança deve tomar como base os fundamentos da Palavra de Deus. Personalidades carismáticas que atuam em benefício próprio estão cada vez mais perdendo espaço perante o povo que acredita. O que surge é um homem e mulher de Deus que se dedicam para servir ao próximo.

A verdade perturbadora sobre os modelos pastorais contemporâneos é que, em grande parte, eles não podem ser reproduzidos. Os homens apresentados nas conferências como aqueles aos quais vale a pena ouvir são pessoas carismáticas, servos altamente dotados. Contudo, seus talentos são naturais e singulares. Seus dons e sua personalidade não podem ser empacotados, colocados numa caixa, embrulhados para presente e entregues. A pastoral precisa ser genuína, construída a partir do serviço cristão e da comunhão com Deus. No lugar comum da existência humana, o cotidiano passa a ser "educativo", pois aprendemos com as atividades do dia a dia.

O tempo e as necessidades pedem uma liderança que participe das dores e apresente novos caminhos para o povo, com o da justiça e da paz com igualdade entre os povos. A postura religiosa apenas executiva não tem mais espaço. O homem e a mulher de

Deus devem ser piedosos, informados e qualificados para servir de maneira eficaz e ajudar aquele que sofre. Necessitamos de uma pastoral que faça diferença na comunidade em que estiver inserida. Atualmente uma líder sindical, um líder revolucionário e o gerente financeiro de um determinado banco, juntamente com outras figuras da sociedade, exercem uma influência social mais objetiva e mais constante do que o pastor.

Seguem algumas pistas para que a pastoral seja atual e relevante para a comunidade:

- Participar dos grupos sociais do bairro.
- Não ceder aos encantos da mídia e da tecnologia da comunicação.
- Viver e conviver com as pessoas para que possa identificar suas principais necessidades.
- O modelo para o serviço cristão não é o do artista famoso da televisão, a referência pastoral deve ser de Jesus; não podemos nos iludir, o ministério pastoral não é para artistas e cantores, com todo o respeito aos que desenvolvem essas atividades.
- Participar da associação de moradores do bairro e da Associação de Pais e Amigos dos Excepcionais (APAE) e outras ONGs, ou até mesmo formar uma;
- Desenvolver programas de atendimento aos idosos, de orientação vocacional para jovens e de distribuição de literatura;
- Realizar visitas aos moradores carentes do bairro, e outros.

O pastor tem hoje, diante de si, o grande desafio de não ceder aos encantos da modernidade que, sejamos realistas, não oferecem novidade. Em vez disso, esses encantos apenas estimulam uma repetição dos modelos tiranos que têm sido desenvolvidos no decorrer da história. A religião é um excelente palco para que indivíduos mal-intencionados, com sede de poder, se estabeleçam sobre muitos. Fazem isso "em nome de Deus", mas agindo em proveito próprio.

O povo latino americano precisa de exemplos, devemos destacar o testemunho e a postura de homens e mulheres de Deus que têm se dedicado para servir ao mais pobre e ao necessitado. Temos na Bíblia referencias como Moises, Davi, Elias, João Batista e tantos outros que devem ser lembrados. Precisamos de referenciais como o de João Wesley, que, no século dezoito, foi usado por Deus para proclamar a mensagem da Reforma na Inglaterra. Na ocasião, percebeu-se que o evangelho era o poder de Deus para libertar o povo inglês da opressão e da escravidão. Inspirado no poder e no evangelho do Reino de Deus,

Wesley confrontou principados e potestades da economia, da política e da religião. Ele os enfrentou com a força que vem de Deus, o qual não deseja que nenhum dos seus pereça. A obra de João Wesley teve grande repercussão junto ao povo oprimido e empobrecido. Esse é um modelo pastoral a ser seguido: interagir na sociedade, obedecendo às ordenanças de Deus, para fazer diferença apresentando um evangelho orientador, libertador, e gerador de esperança.

5.4 A igreja precisa fazer a diferença

A igreja precisa fazer a diferença. Cabe aos líderes e às comunidades religiosas apresentarem alternativas de busca, comunhão com Deus e com seu próximo. Não podemos negar que o cidadão urbano é triste e solitário. Ele vive alegre e satisfeito em meio ao barulho, à música e às festas, mas basta parar um pouco sua tresloucada agitação para cair em si e perceber o vazio de sua existência.

Alguns ainda se lembram daquelas igrejas que, ao realizarem suas reuniões, colocavam um alto-falante em um local estratégico.

Com esse procedimento, acreditavam estar trazendo uma contribuição espiritual para os moradores. Entretanto, o que conseguiam era despertar a antipatia dos moradores. O procedimento correto seria fazer um levantamento no bairro para saber quais as necessidades dos seus habitantes e apresentar propostas que fizessem diferença na vida das pessoas, tornando-se instrumento de ajuda e contribuição para as necessidades da população.

O ser humano tem necessidades espirituais; precisa pensar sobre Deus. Seus anseios íntimos estão relacionados com seu Criador. A cidade não estimula o encontro com Jesus, ao contrário, ela visa à produção, ao dinheiro, ao poder do forte sobre o fraco. Na cidade, saber é poder; quem sabe mais, exerce mais poder. A saúde e a alimentação saudável estão disponíveis aos que têm recursos financeiros para pagar por elas.

A partir dessa análise, podemos perceber a grande responsabilidade da igreja. A comunidade cristã deve ter em sua proposta vencer o preconceito e alcançar o cidadão em suas mais profundas necessidades. Cabe à igreja apresentar caminhos para que o indivíduo encontre Deus, bem como orientá-lo para aproveitar o tempo perdido no trânsito, a buscar ao Senhor e a desenvolver amizades como forma de evangelização. Cabe a ela promover reuniões evangélicas que ensinem o indivíduo a vencer suas lutas interiores e seus anseios espirituais.

A igreja precisa destoar; não pode se vender. Ela não tem o espírito do mercado, pois representa os anseios de Deus para com seu povo. A igreja é o instrumento que Deus usa para ser o cabeça sobre todas as coisas. Cada comunidade tem uma forma de ser. Precisamos identificar suas tendências, perceber suas necessidades nos diferentes campos – seja espiritual ou social – e outras carências peculiares a cada centro urbano.

O caminho da espiritualidade na igreja da cidade começa pela integração. Se o corpo de Cristo conseguir reunir em torno de si as diferentes categorias que existem na cidade, terá dado um grande passo no que diz respeito à espiritualidade.

O exercício evangélico da cidadania não se concretiza no isolamento em relação ao urbano, mas no esforço organizado, comunitário. A comunidade cristã se qualifica como segmento participativo da pólis. Isto é, o evangelho encarnado no segmento "comunidade" participa da luta pelo poder e pelo espaço vital no meio urbano, visando qualificá-lo com os valores vislumbrados no evangelho de Jesus Cristo.

O povo integrado, amado, reconhecido, está aberto para desenvolver sua vida com Deus, mas a tendência existencial nos grandes centros é a solidão. As pessoas buscam em animais de estimação respostas para o vazio interior que as perseguem no dia a dia.

O indivíduo não se encontra consigo mesmo na solidão; muito menos com Deus. Com a ajuda do próximo e pelo relacionamento com ele, descobrirá os passos a serem dados na direção do Senhor. A Bíblia é fundamental na orientação daqueles que estão perdidos, mas cabe à igreja desenvolver programas de ensino bíblico que supram as necessidades do cidadão urbano.

O mundo não tem mais definições claras sobre família, escola, Estado, Igreja, pois a meta declarada da sociedade é a livre escolha do indivíduo. Na cidade não existe uma única verdade, e sim um pluralismo de religiões, igrejas e opiniões. E a igreja cristã está inserida nesse contexto. O crente, membro de uma igreja na cidade, não está isento das pressões urbanas; precisa identificar as tendências de seu tempo e saber como proceder de acordo com a Bíblia.

5.4.1 Formação de identidade do povo de Deus

Como formar identidade em um momento em que "o sujeito pós-moderno é conceituado como não tendo uma identidade fixa, essencial ou permanente. A identidade torna-se uma celebração móvel, formada e transformada continuamente em relação a formas pelas quais somos representados ou interpretados nos sistemas culturais que nos rodeiam" (Hall, 2005, p. 13). Formar identidade do povo de Deus é uma aventura comunitário-teológica de estar sendo permanentemente desidentificado e renovado por Deus em semelhança a Jesus Cristo, o humano, contextual e universal (Romanos, 12: 1-3; Efésios, 4: 17-24).

5.4.2 A importância da coordenação

A coordenação deve seguir alguns princípios, que vamos enumerar: Seguir a Jesus e seus exemplos deve ser a base para a construção da identidade da pessoa. Para o seguimento de Jesus no contexto, com vistas à construção da identidade da pessoa em liberdade e serviço, e da identidade da comunidade, em adoração e missão. Para a justa cooperação de cada parte da missão, abrindo espaços para a contribuição ministerial de cada pessoa, participando na arbitragem comunicativa dos conflitos na comunidade; e cuidando para que ninguém seja prejudicado pelo excesso ou falta de operação ministerial.

Na nova comunidade de pessoas vocacionadas, o lema administrativo-político será: "o máximo de coordenação possível, com o mínimo de subordinação necessária"!

O ministro cristão, para proclamar sua fé no contexto da cidade, deve apresentar algumas características:

1. Deve enfrentar o pluralismo religioso. A experiência religiosa deve ser autêntica.
2. Precisa entender que, no processo de formação pastoral, o ensino por si só não basta.
3. Precisa reconhecer que deve ser acompanhado por outro.
4. Redefinir a discussão teológica no processo formativo do pastor.
5. Realizar a preparação ministerial, que antecede a ação ministerial.
6. A palavra de Deus deve ser o centro da preparação ministerial:
   a) Ministros da Palavra.
   b) Ministro que saiba analisar e expor a Palavra.
   c) Ministros que não recuam perante o conselho de Deus.
7. Precisa-se administrar sabiamente os recursos acadêmicos:
   a) Todas as atividades que ajudem na construção da formação pastoral.
   b) Capacidade de diferenciar propostas acadêmicas.
   c) Estar pronto para ouvir propostas diferentes.
8. Necessita-se fazer uma revisão dos conteúdos pastorais:
   a) Refazer e eliminar discursos que têm perdido sua pertinência.
   b) Introduzir novas posturas pastorais que respondam à realidade da igreja contemporânea.
9. Desenvolver um processo sistemático de capacitação pastoral que consiga conciliar os assuntos temáticos com a práxis.
10. Pastores críticos, reflexivos, que tenham um enfoque correto frente aos desafios ministeriais e consigam formular propostas efetivas para esta geração. (Oseias, 4:6).
11. A formação de um pastor não termina após 3 ou 4 anos de seminário, continua por sua vida.

5.5 A igreja da cidade precisa incentivar a vida com Deus

Em suma, a igreja urbana não deve desejar ser uma grande máquina administrativa, mas sim estimular os motivos particulares. As necessidades da igreja têm prioridades distintas: moradia, saúde, segurança, pois são marcos fortes da cidade. Cabe à igreja encontrar alternativas nessas áreas, juntamente com a presença do Evangelho. Precisa vencer a mentalidade de mercado que impera na sociedade moderna. Não devemos nos deixar levar pelo capitalismo, mas rejeitar essa teologia utilitária, segundo a qual Deus tem de fazer tudo por seus servos, livrando-os de todos os males. O cidadão urbano precisa entender que Deus ensina por seu sofrimento, suas provações e dificuldades do dia a dia. A felicidade sem dor e eterna não existe; podemos ser felizes em meio às dores e aos mais variados sofrimentos, porque o que conta é o amor de Deus por sua criatura.

O que a cidade mais precisa é de uma justa leitura de suas necessidades, pois não adianta apresentar a mensagem do Evangelho sem saber qual é a realidade do povo. A estruturação do contexto social urbano de cada cidadão deve ser feita com base bíblica e com muita compaixão.

Paulo oferece uma ajuda indispensável para reformular a estratégia de ação no mundo urbano. Primeiro, porque não nos indispõe teologicamente, de antemão, com o mundo urbano; vivia dignamente o Evangelho de Jesus Cristo.

Em segundo lugar, Paulo nos ajuda a refletir como o Evangelho poderia tomar forma no mundo urbano. Seu procedimento argumentativo, avesso a receitas prontas, proporcionava critérios para facilitar a decisão autônoma das comunidades. Paulo era um parceiro do diálogo na busca por fazer das comunidades um espaço dentro do mundo urbano que correspondesse à vontade de Deus.

Em terceiro destaque – a comunidade se configura como um segmento importante da sociedade urbana. E um exemplo dessa importância é o conflito que a Palavra de Deus provoca nas comunidades do nosso mundo moderno. No entanto, não se trata de fugir do meio urbano para "viver o evangelho"; mas de "viver o evangelho de Jesus Cristo" onde se está (Filipenses, 1: 27).

A espiritualidade na cidade é um grande desafio. Devemos pensar sobre esse assunto, levando em conta o cidadão que levanta às 6h da manhã, pega o ônibus para o trabalho trinta minutos depois. Após um percurso de uma hora, chega ao serviço, onde trabalha das 7h 30min às 12h. Aí tira 30 minutos de almoço e começa a trabalhar novamente as 12h 30min, indo até às 19h. E, com tudo isso, ainda faz hora extra para poder receber um pouco mais no final do mês. Trabalha de segunda a segunda com dedicação e afinco (às vezes precisa trabalhar aos domingos para ajudar em um novo empreendimento da empresa.) Vai à igreja três vezes por semana, junto com a esposa e os filhos, procurar algum alento para sua alma faminta; algum alimento espiritual que faça diferença na sua vida e na vida de sua família. Dentro desse contexto, ele deve pensar na sua comunhão com Deus, dedicar tempo para a leitura da Palavra, evangelizar e, acima de tudo, ser totalmente obediente ao Senhor.

Síntese

O estudante de pastoral urbana precisa desenvolver, na sua própria vida, um estilo de devoção que busque ao Senhor, que desenvolva individualmente um estilo de vida que os valores cristãos estejam em primeiro lugar, primeiro Deus, depois a profissão e as exigências da cidade. É possível viver no meio da turbulenta cidade e ao mesmo tempo estar muito bem relacionado com Deus e os princípios de sua palavra. Também estudamos sobre as variáveis urbanas e alguns dos aspectos importantes para que a igreja da cidade seja relevante. A presença da igreja na cidade deve ser notada, precisa fazer parte do dia a dia das pessoas. Quando citamos a igreja, estamos dizendo que a pastoral urbana deve ser efetive e apresentar propostas objetivas para o bom funcionamento da cidade.

Por fim, concluindo a ideia central – correlacionar a história da cidade à história da igreja e a pastoral urbana atual – a proposta foi ser o mais prático possível, dando pistas e apresentando alternativas de trabalho pastoral para serem desenvolvidas na cidade. Mostramos um modelo pastoral de cuidado, mobilização, formação e coordenação, incluindo um aspecto de como o ministro deve agir na cidade, concluindo com um modelo pastoral legado por Jesus na experiência da multiplicação dos pães e peixes.

Atividades de autoavaliação

1. Sobre os cidadãos no Brasil, é correto afirmar:
   a) Houve uma migração massiva para as cidades. Hoje, 70% da população é urbana.
   b) O Brasil nunca foi um país predominantemente rural. Já em 1800, a população estava nas cidades.
   c) Houve a volta ao interior, já temos mais de 50% da população no meio rural de novo.
   d) Há equilíbrio entre a população rural e a urbana no Brasil, somos exemplo para o mundo.

2. A reação do cidadão na cidade, atualmente, é de:
   a) perder-se em meio à multidão e viver sem ser notado.
   b) refugiar-se em pequenos grupos, pois o individualismo e a solidão não permitem que se viva em comunidade.
   c) fugir para o campo, pois lá a companhia dos animais acaba com a solidão.
   d) misturar-se a todos, pois a diversidade é vivida em profundidade e todos são solidários na cidade.

3. O que Jesus percebeu na comunidade que as igrejas não percebiam até então?
   a) Que não adiantava tentar levar a Palavra aos cidadãos, por isso se voltou aos não cidadãos.
   b) Que a igreja deveria se dirigir apenas aos chefes e ricos das cidades, pois eles é que mandam.
   c) Que não adiantava dirigir-se aos necessitados, pois eles estavam fora da estrutura social.
   d) Que precisava alcançar o indivíduo em sua realidade existencial.

4. Que tarefa e modelos pastorais são relevantes aos pastores hoje?
   a) A tarefa de apenas procurar novos prosélitos sem se preocupar com a cidadania ou política, apenas com teologia.
   b) A tarefa de exercer política em sua comunidade apenas para eleger-se líder.
   c) A tarefa cidadã de identificar as necessidades das pessoas e desenvolver ações práticas e pertinentes.
   d) A tarefa econômica de procurar empregos e colocações para os desempregados da comunidade.

5. Para que a atividade pastoral seja atual e relevante, o pastor deve:
   a) participar dos grupos sociais; não ceder aos encantos da mídia; conviver com as pessoas para identificar suas necessidades; não procurar apenas a fama; participar de ONGs; atender aos jovens e idosos; visitar os moradores carentes.
   b) não se envolver com os grupos; dar entrevistas quando puder; buscar a fama e a mídia; ser pastor apenas na igreja; atender aos cidadãos ricos e proeminentes; evitar os carentes.
   c) participar das tribos e seitas; procurar ter horário na televisão; cantar bem e atuar se preciso; viver sua vida particular como quiser; tentar isolar os mais pobres.
   d) não se envolver nos problemas sociais da comunidade, deixá-los resolverem-se sozinhos, pois sua tarefa é apenas ser pastor nos dias de culto.

Atividades de aprendizagem

Questões para reflexão

1. Quais são os princípios que você pratica para fortalecer sua espiritualidade?
2. Quando o cidadão da cidade está em crise, o que ele procura para solucionar?
3. Como construir sua identidade na cidade?
4. Como o cidadão da cidade deve reger a questão do tempo?

5. Quais são as faces da discriminação na cidade?

6. Quais são as características das cidades brasileiras?

7. Como se define a atuação da igreja na cidade?

8. Qual deve ser a relação do pastor e os membros de sua igreja que vivem na cidade?

9. Cite alguns modelos inadequados da igreja e ações pastorais.

10. Como a pregação afeta na formação do indivíduo da cidade?

11. Cite duas das principais responsabilidades pastorais e descreva as responsabilidades associadas.

12. Como o ministro cristão deve proclamar sua fé no contexto da cidade?

13. Cite três aspectos relacionados às ações pastorais na cidade.

Atividade aplicada: prática

Procure desenvolver seu programa pessoal para fortalecer seu relacionamento com Deus na atividade pastoral.

considerações finais

Nesta obra, apresentamos, em aspecto geral, nossa compreensão sobre as cidades e sua história, para depois relacioná-las à ação pastoral dentro da cidade, com algumas missões e sugestões de ações e atitudes para o líder pastoral em atividade.

Procuramos, de início, apresentar uma visão ampla sobre a história e o desenvolvimento das cidades, no mundo inteiro, relacionando-as com a realidade histórica, mas também apresentando suas relações com os fatos narrados e a história bíblica.

Em seguida, buscamos analisar como foi a vida de Jesus Cristo e seus discípulos na Palestina do século I, verificando sua situação histórica, econômica e política, com todos os partidos e seitas que faziam parte da vida cotidiana da região na época. A dominação romana era o centro da vida e das preocupações do povo israelita, então. Por isso, tratamos mais longamente da situação em que viviam os judeus sob o jugo romano.

Após a morte e ascensão de Cristo, a igreja que ele nos legou começou a se espalhar pelo mundo. Para compreendermos essa época de desenvolvimento da igreja nascente e sua relação com a realidade urbana, percorremos o caminho das viagens de Paulo, o apóstolo convertido na viagem a Damasco. Neste capítulo, verificamos a importância das cidades e do povo urbano na pregação e na missão do apóstolo.

Após ter concluído todo o aprendizado da formação da igreja de Cristo nas cidades, demos um salto para nossa época, para analisar como pode ser a vida pastoral nas cidades atuais, principalmente em relação aos pobres que nelas vivem, que devem ser uma preocupação central das igrejas que seguem o ensinamento de Cristo, de que os pobres serão os primeiros em seu Reino. Por fim, para focar nossa atenção na ação pastoral propriamente dita, terminamos a obra com algumas práticas pastorais desejáveis para o atual pastor urbano. Dessa maneira, esperamos que a história e as cidades nos ensinem a ser verdadeiros pastores na realidade que enfrentamos diariamente.

referências

BARDOUR, J. A revolução neolítica. **Visão periférica**. 15 dez. 2010. Disponível em: <http://josmaelbardourblogspotcom.blogspot.com.br/2010/12/revolucao-neolitica.html>. Acesso em: 8 dez. 2016.

BARRO, J. H.; ZABATIEIRO, J. **Discernimento espiritual**. São Paulo: Abba Press, 1995.

BARROS, D. L. P. de. **Teoria semiótica do texto**. São Paulo: Ática, 1999.

BARROSO FILHO, J. A sustentável defesa do ser na utopia do desenvolvimento – a ética da razão solidária, In: CONGRESSO LUSO-BRASILEIRO DO NELB, 2., 2015, Lisboa. **Anais...** Brasília, DF; Lisboa, Portugal: Vestnik, 2015. p. 43-72.

BENEVOLO, L. **A história da cidade**. 3. ed. São Paulo: Perspectiva, 1997.

BRÁS, D. A enigmática cidade de Mohenjo Daro. **Descobertas arqueológicas**. 16 jan. 2011. Disponível em: <http://adf.ly/10516577/banner/http://descobertasarqueologicas.blogspot.com.br/2011/01/enigmatica-cidade-de-mohenjo-daro.html>. Acesso em: 8 dez. 2016.

CESAR, W.; SHAULL, R. **Pentecostalismo e o futuro das igrejas cristãs**: promessas e desafios. Petrópolis: Vozes; São Leopoldo: Sinodal, 1999.

CFA – Conselho Federal de Administração. IBGE divulga as estimativas populacionais dos municípios em 2016. **CGP – Câmara de Gestão Pública**. 30 ago. 2016. Disponível em: <http://cgp.cfa.org.br/ibge-divulga-as-estimativas-populacionais-dos-municipios-em-2016>. Acesso em: 8 dez. 2016.

CINTRA, F. A igreja e a cidade. **Gospelprime**: Artigos. 18 mar. 2014. Disponível em: <https://artigos.gospelprime.com.br/a-igreja-e-a-cidade>. Acesso em: 14 dez. 2016.

COSTA, G. J. M. da. **Globalização e a perda da identidade do Estado-Nação**. 35 f. Monografia (Especialização em Pensamento Político Brasileiro) – Curso de Ciências Sociais, Universidade Federal de Santa Maria, RS, 2004. Disponível em: <http://www.angelfire.com/sk/holgonsi/getulio.html>. Acesso em: 15 mar. 2017.

DAVIS, J. D. **Novo dicionário da Bíblia**. São Paulo: Hagnos, 2005.

DESEMPREGO atinge 12,3 milhões de brasileiros, maior taxa desde 2012. **Estado de Minas**, 31 jan. 2017. Disponível em: <http://www.em.com.br/app/noticia/economia/2017/01/31/internas_economia,843764/taxa-de-desemprego-fica-em-12-no-trimestre-ate-dezembro-diz-ibge.shtml>. Acesso em: 8 fev. 2017.

DIAS, J. B. Arqueologia de Ur dos caldeus. **Santo Vivo**: Estudos bíblicos. Disponível em: <http://www.santovivo.net/gpage139.aspx>. Acesso em: 8 dez. 2016.

FERNANDEZ-ARMESTO, F.; WILSON, D. **Reforma**: o cristianismo e o mundo 1500-2000. Rio de Janeiro: Record, 1997.

GEISLER, N.; NIX, W. **Introdução bíblica**: como a Bíblia chegou até nós. 3. ed. São Paulo: Vida, 2000.

GOIS, A.; ESCÓSSIA, F. da. País tem 50 milhões de indigentes, diz FGV. **Folha de S. Paulo**, 10 jul. 2001. Disponível em: <http://www1.folha.uol.com.br/fsp/brasil/fc1007200125.htm>. Acesso em: 9 fev. 2017.

GRINGS, D. **A evangelização da cidade**: o apostolado urbano. Porto Alegre: Edipucrs, 2004.

GUIMARÃES, L. D. **A sociabilidade e seus espaços**: um estudo histórico a partir de seus intérpretes. 162 f. Dissertação (Mestrado em Urbanismo) – Programa de Pós-Graduação em Urbanismo, Faculdade de Arquitetura e Urbanismo, Universidade Federal do Rio de Janeiro, Rio de Janeiro, 2008.

HAGI, M. A. História de Jerusalém. **Batalhão Suez**: os boinas azuis da ONU. [20--]. Disponível em: <http://www.batalhaosuez.com.br/historiaDeJerusalem.htm>. Acesso em: 12 dez. 2016.

HALL, S. **A identidade cultural na pós-modernidade**. 10. ed. Rio de Janeiro, DP&A, 2005.

HOUAISS, A.; VILLAR, M. de S. **Dicionário eletrônico Houaiss da língua portuguesa**. versão 3.0. Rio de Janeiro: Instituto Antônio Houaiss; Objetiva, 2009. 1 CD-ROM.

HURLBUT, J. L. **História da igreja cristã**. São Paulo: Vida, 1979.

IBGE – Instituto Brasileiro de Geografia e Estatística. Características da população. **Vamos conhecer o Brasil**. 2016. Disponível em: <http://7a12.ibge.gov.br/vamos-conhecer-o-brasil/nosso-povo/caracteristicas-da-populacao.html>. Acesso em: 15 dez. 2016.

INÍCIO de Davi (a disputa com Is-Bosete). **Cronologia da Bíblia**. 22 jan. 2011. Disponível em: <https://cronologiadabiblia.wordpress.com/2011/01/22/inicio-de-davi-a-disputa-com-is-bosete>. Acesso em: 14 dez. 2016.

JERUSALÉM. In: **Enciclopédia Escolar Britannica**. 2017. Disponível em: <http://escola.britannica.com.br/article/481613/Jerusalem>. Acesso em: 9 de dezembro de 2016.

KAEFER, J. A. Estratégias e metodologia pastoral de Paulo nas grandes cidades do seu tempo: inspirações para a evangelização hoje. **Vida Pastoral**, n. 275, p. 22-27, jan./fev. 2010. Disponível em: <http://www.vidapastoral.com.br/artigos/temas-biblicos/estrategias-e-metodologia-pastoral-de-paulo-nas-grandes-cidades-do-seu-tempo-inspiracoes-para-a-evangelizacao-hoje>. Acesso em: 15 mar. 2017.

KONINGS, J. A responsabilidade de Pedro. In: ____. **Liturgia dominical**. 4. ed. São Paulo: Vozes, 2009.

KÖSTER, H. **Introdução ao Novo Testamento**. 2 v. Tradução de N. Schneider. São Paulo: Paulus, 2016.

LAMPREIA, L. F. Relatório brasileiro sobre desenvolvimento social. **Estudos avançados**, v. 9, n. 24, São Paulo, maio/ago. 1995. Disponível em: <http://www.scielo.br/pdf/ea/v9n24/v9n24a03.pdf>. Acesso em: 9 fev. 2017.

LE GOFF, J. **Por amor às cidades**. Tradução de Reginaldo Carmello Corrêa de Moraes. São Paulo: Ed. Unesp, 1998.

LEFEBVRE, H. **Espacio y política**: El derecho a la ciudad, II. Barcelona: Ediciones península, 1972.

____. **A revolução urbana**. Belo Horizonte: UFMG, 1999.

____. **O direito à cidade**. São Paulo: Centauro, 2001.

LETRA, L. Banco Mundial atualiza valor da linha da pobreza para US$ 1,90 por dia. **EBC – Empresa Brasil de Comunicação**. 7 out. 2015. Disponível em: <http://www.ebc.com.br/cidadania/2015/10/banco-mundial-atualiza-valor-da-linha-da-pobreza-para-us-190-por-dia>. Acesso em: 9 fev. 2017.

LIBONATI, S. M. F. As primeiras cidades do mundo. **Observando a história**. 21 set. 2013. Disponível em: <http://observandoahistoria.blogspot.com.br/2013/09/as-primeiras-cidades-do-mundo.html>. Acesso em: 8 dez. 2016.

LONGUINI, L. N. **Pastoral como o novo rosto da missão**: um estudo comparativo dos conceitos de Pastoral e Missão nos Movimentos Ecumênicos e Evangelical no Protestantismo Latino-Americano (1960- 1993) – Documentos Peregrinos. São Bernardo do Campo, 1997. Tese (Doutorado em Teologia) – Curso de Teologia, Umesp – Universidade Metodista de São Paulo.

LOPES, A. N. Paulo, plantador de igrejas: Repensando fundamentos bíblicos na obra missionária. **Fides Reformata**, v. 2, n. 2, São Paulo, 1997, p. 1-15.

MELLO, K. Com 2 milhões de moradores, favelas do Rio seriam 7ª maior cidade do país. **G1 Rio de Janeiro**. 25 set. 2014. Disponível em: <http://g1.globo.com/rio-de-janeiro/noticia/2014/09/com-2-milhoes-de-moradores-favelas-do-rio-seriam-7-maior-cidade-do-pais.html>. Acesso em: 8 fev. 2017.

METTE, N. **Pedagogia da Religião**. Petrópolis: Vozes, 1999.

MUMFORD, L. **A cidade na história**: suas origens, transformações e perspectivas. 4. ed. São Paulo: Martins Fontes, 1998.

O REINADO de Salomão. **Cronologia da Bíblia**. 26 jan. 2011. Disponível em: <https://cronologiadabiblia.wordpress.com/2011/01/26/o-reinado-de-salomao>. Acesso em: 14 dez. 2016.

OLIVEIRA, G. Mapa da Violência 2016 mostra recorde de homicídios no Brasil. **O Globo**, 22 mar. 2016. Disponível em: <http://oglobo.globo.com/brasil/mapa-da-violencia-2016-mostra-recorde-de-homicidios-no-brasil-18931627#ixzz4YCKTVRei>. Acesso em: 9 fev. 2017.

OLIVEIRA, L. A. B. **Aspectos missionários urbanos de Paulo em Atos dos Apóstolos**. Londrina, 2003. 39 f. Trabalho acadêmico (Pastoral urbana), Faculdade de Teologia, Faculdade Teológica Sul Americana de Londrina.

ONU – Organização das Nações Unidas. Desa – Department of Economic and Social Affairs. **Relatório da ONU mostra população mundial cada vez mais urbanizada, mais de metade vive em zonas urbanizadas ao que se podem juntar 2,5 mil milhões em 2050**. Traduzido por Unric – Centro Regional de Informação das Nações Unidas. 10 jul. 2015b. Disponível em: <http://www.unric.org/pt/actualidade/31537-relatorio-da-onu-mostra-populacao-mundial-cada-vez-mais-urbanizada-mais-de-metade-vive-em-zonas-urbanizadas-ao-que-se-podem-juntar-25-mil-milhoes-em-2050>. Acesso em: 2 dez. 2016.

____. Pobreza permanece concentrada no Norte e no Nordeste do Brasil, diz estudo de centro da ONU. **ONUBR: Nações Unidas no Brasil**. 3 maio 2016. Disponível em: <https://nacoesunidas.org/pobreza-permanece-concentrada-no-norte-e-no-nordeste-do-brasil-diz-estudo-centro-onu>. Acesso em: 8 fev. 2017.

ONU – United Nations. Department of Economic and Social Affairs. Population Division. **World Population Prospects**: The 2015 Revision, Key Findings and Advance Tables. Working Paper n. ESA/P/WP. 241. 2015a. Disponível em: <http://www.demographic-research.org/volumes/vol12/9/12-9.pdf>. Acesso em: 2 dez. 2016.

____. United Nations Statistic Division. **UnData**: a World of Information. City Population by Sex, City and City Type. 2016. Disponível em: <http://data.un.org/Data.aspx?d=POP&f=tableCode%3A240>. Acesso em: 12 dez. 2016.

PACTO de Lausanne. **Movimento de Lausanne**: Conectando influenciadores e ideias para a missão global. Lausanne, França, 1974. Disponível em: <https://www.lausanne.org/pt-br/recursos-multimidia-pt-br/pacto-de-lausanne-pt-br/pacto-de-lausanne>. Acesso em: 9 fev. 2017.

PENA, R. F. A. A pobreza no Brasil. **Mundo Educação**. Disponível em: <http://m.mundoeducacao.bol.uol.com.br/geografia/a-pobreza-no-brasil.htm>. Acesso em: 8 fev. 2017.

PORTAL BRASIL. Brasil é exemplo na redução da pobreza, segundo relatório da ONU. **Portal Brasil**. Cidadania e Justiça. 27 set. 2015. Disponível em: <http://www.brasil.gov.br/cidadania-e-justica/2015/09/brasil-e-exemplo-na-reducao-da-pobreza-segundo-relatorio-da-onu>. Acesso em: 9 fev. 2017.

RAMOS, A. **Igreja**: E eu com isso? Compreendendo a igreja para poder vivê-la. São Paulo: Sepal, 2000.

RIBEIRO, D. **O processo civilizatório**. São Paulo: Publifolha, 2000.

RITTO, C. População católica encolhe no Brasil. Evangélicos avançam. **Veja**, 29 jun. 2012. Disponível em: <http://veja.abril.com.br/brasil/populacao-catolica-encolhe-no-brasil-evangelicos-avancam>. Acesso em: 9 fev. 2017.

ROMAG, D. A antiguidade cristã. In: ____. **Compêndio de história da igreja**. 2. ed., 3 v. Petrópolis: Vozes, 1948. v. 1.

SALINAS, D.; ESCOBAR, S. **Pós-modernidade** – novos desafios à fé cristã. São Paulo: ABU – Aliança Bíblica Universitária, 1999.

SANTOS, M. **A natureza do espaço**: técnica e tempo, razão e emoção. São Paulo: Hucitec, 1996.

SAULNIER, C.; ROLLAND, B. **A Palestina no tempo de Jesus**. Tradução de José Raimundo Vidigal. São Paulo: Paulus, 1983. (Cadernos Bíblicos, v. 27).

SHMUEL, B. História de Jerusalém. **Terra de Israel**. [200-]. Disponível em: <http://terradeisrael.tripod.com/id4.html>. Acesso em: 9 dez. 2016.

SILVEIRA, D. Rendimento real do trabalhador cai pela primeira vez em 11 anos, diz IBGE. **G1 Economia**. 25 nov. 2016. Disponível em: <http://g1.globo.com/economia/noticia/2016/11/rendimento-real-do-trabalhador-cai-pela-primeira-vez-em-11-anos.html>. Acesso em: 8 fev. 2017.

STOTT, J. **Ouça o Espírito ouça o mundo** – como ser um cristão contemporâneo. 2. ed. São Paulo: ABU – Aliança Bíblica Universitária, 1998.

THOMPSON, F. C. **Bíblia Thompson**: de referência, com versículos em cadeia temática. São Paulo: Vida, 2014.

respostas

Capítulo 1

1. b
2. c
3. a
4. a
5. d

Capítulo 2

1. a
2. b
3. d
4. a
5. a

Capítulo 3

1. b
2. c
3. c
4. a
5. d

Capítulo 4

1. a
2. b
3. a
4. d
5. d

Capítulo 5

1. a
2. b
3. d
4. c
5. a

sobre o autor

Cícero Bezerra é coordenador do curso de Bacharelado em Teologia (EaD) do Grupo Uninter e do curso de Pós-graduação da Faculdade Teológica Betânia (Fatebe). Graduou-se Doutor em Teologia pela Pontifícia Universidade Católica do Rio de Janeiro (PUC Rio) e trabalha em pesquisa a respeito do poder eclesial –perspectivas midiáticas. É bacharel em Teologia pela Faculdade de Ciências, Educação e Teologia do Norte do Brasil (2010); especialista em Treinamento de Líderes pela Faculdade Sul-Americana de Londrina (FTSA), mestre em Teologia Pastoral pela PUCPR. Tem experiência como professor há 30 anos; trabalha com treinamento de líderes e mobilização de lideranças estratégicas; é autor de 16 livros, entre eles: *Lideranças emergentes no contexto latino-americano*; *Os dez mandamentos do professor*; *Como viver uma vida simples*; *Igreja nas casas*; *Os dez mandamentos do líder de grupos caseiros*; *Segredos da evangelização: tarefa de muitos realizada por poucos*; *Conversas sobre Jesus*; *Os desafios da igreja na cidade*; *Conversas sobre espiritualidade*. É coautor dos seguintes livros: *Liderança exemplar*; *Missão integral da Igreja*; *Seguindo o modelo do Mestre*; *Influenciando gerações*. Participa de atividades comunitárias na cidade de Curitiba por meio da mobilização de líderes cristãos. Participa da organização do movimento Marcha para Jesus; na cidade de Curitiba, que conta com aproximadamente 300 mil pessoas. Com experiência internacional, viajou para mais de 40 países para apresentação de palestras e ações estratégicas. É professor na Faculdade de Teologia Betânia (Fatebe), na cidade de Curitiba (PR), professor no curso de Pós-graduação no Instituto Brasileiro de Pós-graduação e Extensão (Ibpex), além de produzir materiais didáticos. É membro da Confederação Brasileira de Pastores e da Aliança Cristã Evangélica Brasileira. Coordenador curso de Pós-graduação da Faculdade Teológica Betânia, Experiência na área editorial e produção de livros.

Os papéis utilizados neste livro, certificados por instituições ambientais competentes, são recicláveis, provenientes de fontes renováveis e, portanto, um meio sustentável e natural de informação e conhecimento.

FSC
www.fsc.org
MISTO
Papel produzido a partir de fontes responsáveis
FSC® C057341

Impressão: Log&Print Gráfica & Logística S.A.
Julho/2021